KB263637

인생의 변화는 작은 것에서 시작된다

인생의 변화는 작은 것에서 시작된다

The Purpose Code:
How to Unlock Meaning, Maximize Happiness, and Leave a Lasting Legacy
by Jordan Grumet, MD
Originally Published in the UK by Harriman House Ltd, Petersfield of Hampshire in 2025,
www.harriman-house.com

인생의 변화는
작은 것에서 시작된다

호스피스 의사가 전하는
현명한 삶의 태도에 관하여

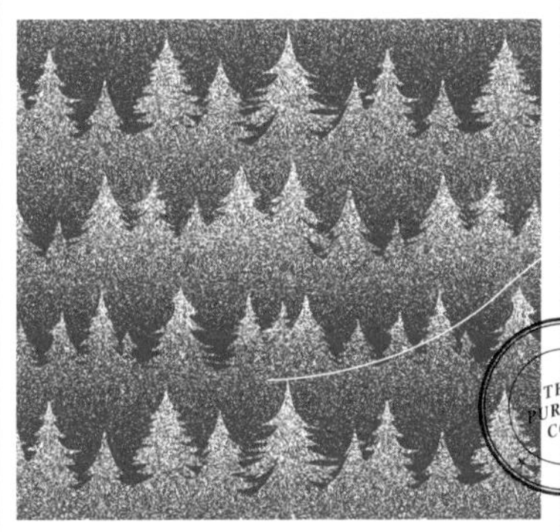

조던 그루멧 지음 · 박선령 옮김

비즈니스북스

인생의 변화는 작은 것에서 시작된다

1판 1쇄 인쇄   2026년 1월 23일
1판 1쇄 발행   2026년 1월 30일

지은이 | 조던 그루멧
옮긴이 | 박선령
발행인 | 홍영태
편집인 | 김미란
발행처 | (주)비즈니스북스
등 록 | 제2000-000225호(2000년 2월 28일)
주 소 | 03991 서울시 마포구 월드컵북로6길 3 이노베이스빌딩 7층
전 화 | (02)338-9449
팩 스 | (02)338-6543
대표메일 | bb@businessbooks.co.kr
홈페이지 | http://www.businessbooks.co.kr
블로그 | http://blog.naver.com/biz_books
페이스북 | thebizbooks
인스타그램 | bizbooks_kr

ISBN 979-11-6254-457-0   03190

비즈니스북스는 독자 여러분의 소중한 아이디어와 원고 투고를 기다리고 있습니다.
원고가 있으신 분은 ms1@businessbooks.co.kr로 간단한 개요와 취지, 연락처 등을 보내 주세요.

두려움이 아닌 기쁨이 가득한 삶을 사는 법

때로는 한 번의 저녁 식사가 인생의 방향을 완전히 바꿔놓기도 한다. 1948년 11월 3일, 남편과 함께 프랑스에서 첫 식사를 했던 줄리아 차일드Julia Child처럼 말이다. 그녀의 삶은 이제 막 놀라운 전환점을 맞이하려는 참이었다.

당시 차일드의 요리 실력은 한심할 정도였다. 그도 그럴 것이 요리라고 부를 만한 일을 한 적이 없었기 때문이다. 그녀가 주방에서 주로 한 일이라고는, 과거 OSSOffice of Strategic Services(미 중앙정보국CIA의 전신—옮긴이)에서 스파이로 일할 때 해군용 상어 퇴치제를 개발했던 경험을 발휘하는 것뿐이었다. 그녀는 결코 인생의 실패자는 아니었지만 당시에는 잠시 길을 잃은 상태였다.

그러던 중 프랑스 북부에 있는 라 쿠론(왕관이라는 뜻)이라는 식당에서 먹은 운명적인 식사가 모든 걸 바꿔놓았다. 차일드는 그게 "내 인생에서 가장 신나는 식사"였다고 말했다.[1] 음식이 맛있어서가 아니라(물론 맛도 있었지만) 그 순간, 자기 내면의 가장 깊은 곳에 있던 목적의식을 어렴풋이 깨달았기 때문이다.

"그게 바로 내가 평생 찾던 것이라는 생각이 들었습니다. 그 음식을 한번 맛본 순간 다시는 예전으로 돌아갈 수 없게 됐지요."

차일드는 번개에 맞기라도 한 듯 갑자기 자신이 요리를 하길 원한다는 걸 깨달았다. 그것도 그냥 요리가 아닌 세상에서 가장 유명한 요리인 프랑스 요리를 말이다.[2] 그녀는 부자가 되겠다거나 세상을 바꾸겠다는 거창한 계획을 좇지 않았다(결국 두 가지를 모두 이루었지만). 그녀의 야망은 더 소박하면서도 강렬한 것, 바로 맛있는 음식을 만드는 것이었다.

성공까지의 과정은 느리고 힘들었다. 차일드는 르 꼬르동 블루 Le Cordon Bleu에서 치른 첫 번째 시험에서 낙제했다. 이젠 고전이 된 명저 《프랑스 요리의 기술》을 집필하는 데는 무려 10년이 넘는 세월이 걸렸다. 하지만 그녀는 포기하고 싶다는 생각을 하지 않았다. 미식 모험이 너무나도 즐거웠기 때문이다. 그녀가 생각하는 진정한 성공의 척도는 책이나 TV 출연, 혹은 그걸로 벌어들인 돈이 아니라 요리의 즐거움과 그 과정에서 만난 사람들이었다.

"사람들이 날 기억해줄지 어떨지 고민하지는 않아요. 난 괜찮은 사람이니까요. 살면서 많은 걸 배웠고 사람들에게 한두 가지 가르치기도 했지요. 중요한 건 바로 그겁니다. 언젠가 대중은 날 잊을 테고 나에 대한 기억은 희미해질 겁니다. 중요한 건 그 과정에서 내가 영향을 미친 사람들입니다."

줄리아 차일드의 이야기는 우리가 삶에서 경험할 수 있는 목적의식이란 무엇인가를 잘 보여주는 놀라운 사례다. 하지만 크고 작은 규모의 강연에서 목적의식에 대한 이야기를 했을 때 항상 긍정적인 반응이 돌아오지는 않는다. 사실 보통은 매우 부정적인 반응을 보이곤 한다.

이런 반응을 처음 접했던 때가 생생하게 기억난다. 당시 나는 캘리포니아에서 열린 주말 세미나에 참석해 재정적 자립과 후회 없는 삶에 관한 강연을 마치고 무대에서 내려온 참이었다. 강당 뒤쪽으로 걸어가고 있는데 청중 한 명이 내게 다가왔다.

그녀는 입술을 깨문 채 당장이라도 욕을 쏟아부을 듯한 표정을 하고 있었다. 어쩐 일인지 내 강연을 듣고 잔뜩 화가 난 상태였는데, 나에게 한마디를 해주려고 쫓아왔던 것이다. 나의 강연이 누군가를 그렇게 화나게 만들었다는 데 난 몹시 충격을 받았다. 그래서 움찔하며 마음을 다잡았다. 그녀가 과연 무슨 말을 할지 짐작조차 할 수 없었다.

"목적을 찾으라고 말하는 사람들을 보면 너무 지긋지긋해요. 난 목적이 뭔지도 모르겠고 스트레스만 받는다고요!"

전에는 나한테 그런 말을 한 사람이 없었다. 하지만 그 후 1년 동안(그 사이 여러 콘퍼런스와 팟캐스트, 강연에 참석해 내 첫 번째 책에 담긴 아이디어가 어떻게 사람들에게 도움이 되는지 이야기했다) 그 말을 매우 자주 듣게 되었다.

많은 사람이 목적의식을 찾는 데 어려움을 겪는다. 나아가 목적의식을 진정으로 행복한 삶과 연결시키지도 못한다. 궁금한 마음에 자료를 좀 조사해봤다. 조사 결과 목적의식이 있으면 건강과 행복이 증가하지만 무려 91퍼센트 이상의 사람들이 삶의 어느 시점엔가 이 목적의식 때문에 불안감을 느낀다고 답했다. 나는 어안이 벙벙했다. 대체 이 역설을 어떻게 설명할 수 있을까?

오늘날 대부분의 사람에게 목적은 일종의 해독 불가능한 암호가 되어 진정한 성취감과 지속적인 행복을 가로막는 원흉이 되고 있다. 하지만 목적이라는 암호는 해독할 수 있는 암호이고 누구나 해독 가능하다. 이 책이 그 방법을 알려줄 것이다.

어떻게 그렇게 확신하느냐고? 이 책에 실려 있는 믿을 수 없을 만큼 놀라운(하지만 알려지지 않은) 실화, 매혹적인(하지만 종종 간과되는) 연구, 현명한(하지만 가끔 무시당하는) 작가들의 관점, 기타 많은 내용이 이 사실을 증명하고 있기 때문이다. 또한 무엇보다도 내가 개인적인 경험을 통해 이미 그 사실을 잘 알고 있기 때문이다.

지금부터 로만이라는 사람과 그가 변화시킨 이들의 인생 이야기를 먼저 들려주도록 하겠다.

야구 카드로 세상을 바꾼 사람

10대의 문턱에 서 있던 서툰 중학생 시절 나는 의도치 않게 내 인생을 영원히 바꿔놓은 사람, 로만을 만났다. 그는 우연히 본인의 목적의식을 찾았고 덕분에 세상과 주변 사람들에게 자신의 흔적을 남겼다.

로만의 외모는 점점 나이 들어가는 전형적인 운동선수의 모습이었다. 운동을 그만둔 뒤로 근육이 물렁해지고 마른 체형에 배만 나오기 시작했다. 그러나 여전히 소년 같은 얼굴에 인내심이 많고 친절했으며 언제나 미소가 사라지지 않았다.

그는 사람들과 어울리기 좋아하는 성격이었다. 애초에 그가 골동품 사업에 뛰어든 이유도 그 때문이었을 것이다. 로만은 고등학생 시절 최고의 미식축구 선수로 활약했지만 발목을 다쳐 선수 생활을 끝낼 수밖에 없었다. 하지만 타고난 붙임성과 목수였던 아버지에게 배운 가구 수리 기술 덕분에 그는 시카고 교외에서 작은 골동품 가게를 차리게 된다.

로만은 가게를 지키다가 손님이 적은 시간에는 가게 뒤편에서 낡은 가구를 수리했고 돈을 벌 기회가 생기면 각종 장신구도 사고팔았다. 그러던 어느 날, 사포질을 하려고 낡은 서랍장을 정리하다가 맨 아래 서랍 깊숙한 곳에서 야구 카드 상자를 발견했다. 가구 판매자에게 급히 이 사실을 알리자, 돌려줄 필요 없으니 마음대로 처분하라는 대답이 돌아왔다. 그는 라디오나 계산대 옆에 작은 휴대용 TV를 놓고 시카고 컵스(시카고를 연고로 하는 메이저리그 야구팀—옮긴이)의 경기를 자주 보고 들었지만 그 오래된 야구 카드의 가치를 어떻게 매겨야 할지는 전혀 몰랐다.

며칠 뒤, 어머니와 함께 가게를 찾은 건방진 10대 소년 라이언이 깔끔한 해결책을 제시했다. 카드 전부를 100달러에 사겠다고 한 것이다. 행운이 찾아왔다고 생각한 로만은(실제로 큰 행운이었지만 그가 생각한 이유와는 달랐다) 망설이지 않고 그 무질서한 카드 컬렉션을 소년에게 내줬다.

집에 건방진 10대 소년이 있는 사람이라면 잘 알겠지만, 그들은 당신이 실수를 저지르면 결코 참지 않는다. 라이언도 그랬다. 그는 계산대 앞에 카드 몇 장을 펼쳐놓고는 로만에게 왜 이 카드들이 100달러 이상의 가치가 있는지 열심히 설명했다.

로만은 그 순간, 야구 카드를 사고팔아야 한다는 사실을 깨달았다. 정확한 이유는 설명할 수 없었다. 어린 시절 친구들과 자전거를 타고 동네를 돌아다닐 때 자전거 바퀴살에 카드를 꽂아뒀던 기억 때문일 수도 있다. 어쩌면 다섯 살 생일을 맞아 처음으로 시카고 컵스 홈구장에 갔을 때 아버지 손을 잡고 관중석 사이를 돌아다니던 추억 때문일 수도 있다. 이성적으로 설명할 수는 없었지만 그의 머릿속은 깨달음과 확신으로 가득 찼다.

로만이 가장 먼저 한 일은 라이언을 즉시 점원으로 고용해 자신의 제국 건설에 도움을 받은 것이었다. 그리고 그는 야구 카드를 사들이기 시작했다. 그리고 1년 뒤, 한때 동네 아이들이 답답한 골동품 가게라고 여겼던 그곳은 사방에서 괴짜, 야구팬, 전문가들이 몰려드는 핫 플레이스로 자리 잡았다. 매장 수익이 두 배로 늘었을 뿐 아니라 로만의 가게는 활기차고 시끌벅적하게 성장하는 공동체의 중심에 서게 되었다. 다시는 가게가 텅 비는 일이 없었고 로만은 행복의 절정을 누렸다.

내가 그를 만난 시기가 바로 그즈음이었다. 아버지가 돌아가신 지 몇 년이 지난 데다가 학습 장애 때문에 또래 아이들보다 훨씬 뒤처져 있었던 나는 늘 외로웠다. 친구를 잘 사귀지 못했고 내가 소속감을 느낄 만한 곳을 찾을 생각조차 못했다.

여느 때와 같던 어느 토요일 전까지 말이다.

우연히 들렀던 센추리 골동품점에서 나와 똑같은 아이들을 만난 것이다. 그렇게 그들이 내 공동체가 되었다. 우리는 따돌림당하는 괴짜들이었고 서클 활동이나 파티로 일정을 꽉 채우지 못하는 인기 없는 아이들이었다. 우리는 '후원자'의 자비 아래에서 살아갔다. 로만은 항상 우리에게 따뜻한 말을 건넸고, 새 카드 한 벌을 주면서 열어보게 했다. 또 누군가가 실망스러운 일을 겪고 낙심해서 앉아 있으면 다가가 도움이 되는 조언도 해주었다. 어린 시절을 돌이켜보면 이곳이 내게는 세상의 전부이자 가장 중요한 곳이었다.

안타깝게도 이 이야기는 해피엔딩으로 끝나지 못했다. 몇 년 뒤, 로만은 전이성 암 진단을 받았다. 그는 항암 치료로 녹초가 되었고 매장 수입은 메이저리그의 갑작스러운 파업으로 급락하고 말았다.

하지만 로만은 살날이 얼마 남지 않은 상황에서도 가게 카운터 뒤에서 동네 아이들을 지도하고, 야구 카드를 정리하고, 카드 팩 사이에 낀 맛이 지독히도 없는 껌을 씹을 때 가장 큰 기쁨을 느꼈다. 로만은 우연히 삶의 목적을 찾았고 행복해했다.

그렇게 또 한 번의 어느 조용한 토요일 아침, 로만은 센추리 골동품점의 문을 닫았다.

내가 이 책에서 말하는 목적은 사람들이 흔히 꿈꾸는, 세상을 놀라게 하거나 인류를 구하거나 명성을 안겨주는 목적과 다르다. 의미 있고 만족스러운 삶을 살려면 목적이 있어야만 한다면서 괜한 불안감을 유발하는 종류의 것도 아니다. 인생의 변화를 만드는 첫 번째 단계는 **우리에게 진정한 의미와 만족감을 안겨주는 목적은 그런 어마어마한 목적이 아님**을 깨닫는 것이다. 크고 번쩍이는 대문자 P로 쓴 목적Purpose이 아니라 작은 소문자 p로 쓴 목적purpose이다. 이것은 비록 작지만 '가장 장대한 목적' 또는 '모든 걸 집어삼키는 목적'보다 우리 삶에 더 크고 바람직하며 의미 있는 영향을 미친다.

그리고 이 목적은 '열정을 품은 일을 추구하라'는 작은 손짓에서 찾을 수 있다.

이 책의 제1부에서는 자신만의 목적을 만드는 방법을 이야기할 것이다. 어떤 사람은 로만이 자신의 목적을 '찾았다'고 말할지도 모르지만 난 그 말에 전적으로 동의하지 않는다. 그는 자신의 목적을 찾은 게 아니라 '만든' 것이다. 그는 자신의 직감에 귀 기울이고, 주도적으로 행동하면서 자기가 살고 싶은 삶을 만들어갔다. 그는 가장 먼저 쓸모없는 종이 조각인 줄 알았던 카드가 사실 엄청난 가치를 가지고 있다는 걸 알려준 건방진 10대 소년 라이언을 고용했다. 그런 다음 수집품 시장에 대해 공부하고, 물건을 구입하고, 잠재 고객에게 광고를 했다. 로만의 가장 탁월했던 점은 야구에 대한 열정과 오래된 물건을 사고파는 지식을 활용해 공동체를 만들었다는 것이다.

로만을 기억하는 사람은 비단 나뿐만이 아니다. 센추리 골동품점 덕분에 미국 교외에서의 삶이 조금 더 견딜 만해지고 흥미진진해졌다는 걸 깨달은 아이들이 수백 명이나 된다. 그리고 그 아이들은 새롭게 얻은 자신감을 안고 세상으로 나가 자기만의 삶을 구축하고 창조했다.

나처럼 의사가 된 아이도 있고 변호사나 엔지니어가 된 아이도 있다. 로만처럼 물건을 사고파는 아이도 있고 사람들에게 기쁨을 주거나 삶을 더 나아지게 하는 물건을 만드는 아이도 있다. 이처럼 로만의 목적의식과 열정은 그가 암과의 싸움에서 진 뒤에도 계속 영향력을 발휘하고 있다.

마치 조약돌 하나가 바다에 떨어져 생긴 작은 물결처럼 그가 베푼 친절은 처음엔 아주 작은 일처럼 보였다. 하지만 그 물결은 점점 퍼져나가 바다 전체에 잔잔한 파문을 만들었다. 다른 사람들의 작은 친절과 만나 큰 파도가 되기도 했고, 때론 힘이 약해져 모래사장에 살짝 스치는 포말로 사라지기도 했다.

세월이 흘러 그 아이들은 자랐고 몇몇은 자녀를 낳았다. 그리고 어느 집 지하실에서는 아버지와 딸이 낡은 신발 상자를 뒤지며 과거의 풍경을 재현하고 있다. 야구 카드 발행 회사들의 차이점에 대해, 카드가 담긴 셀로판 팩에 끼워주던 맛이 형편없는 껌을 발견하는 기쁨에 대해 이야기하면서 말이다.

작지만 기쁨이 되는 나만의 일을 찾는 법

나의 소망은 당신이 살면서 로만 같은 사람을 만나는 것, 그리고 당신도 로만처럼 열정과 기쁨을 안고 자신만의 목적을 이루는 것이다. 그러려면 중요한 일을 할 때 자주 생기는 스트레스와 불안을 없애야 한다.

앞서 내 강연을 듣고 불만을 토로한 참석자도 나쁜 사람은 아니었다. 사실 그녀가 느낀 진짜 감정은 분노가 아닌 좌절감에 가까웠다. 자신을 위한 '원대한 계획'이 저 높은 곳에 있는데 그것이 계속 자신을 피해 다닌다는 생각에 좌절한 것이다. 그녀는 그 계획을 놓친 탓에 상실감과 열등감은 물론이고 심지어 제대로 살고 있지 못하다는 죄책감까지 느꼈다.

나는 당신이나 그녀 같은 사람들이 스스로 만든 계획 외에 다른 계획은 존재하지 않는다는 사실을 깨닫게 하고자 이 책을 썼다. '우주의 질서'에 따라 정해진 활동, 즉 추구하면 자유로워지고 간과하면 영원히 저주받는 그런 활동 같은 건 없다. 당신도 크고 대담한 활동이 아니라 로만처럼 일상을 채우는 작고 의도적인 활동 속에서 기쁨을 찾기를 바란다. 바로 거기에 진정한 인생의 목적이 숨어 있다.

때로는 이런 활동이 성장하는 과정에서 바뀌기도 한다. 중요한 목적의식을 느끼는 일이 딱 하나 있을 수도 있고 여러 개 있을 수도 있다. 줄리아 차일드처럼 주변 사람들과 세상에 즉각적으로 큰 변화를 일으킬 수도 있지만, 꼭 그럴 필요는 없다. 무엇이 됐든 핵심은 자신만의 목적의식을 추구하는 것이다. 그러다 보면 주변 사람들의 삶에 영향을 미치고 결국 당신만의 유산도 만들게 되리라 장담한다.

내가 이 사실을 아는 건 로만 때문만이 아니다. 돈과 목적에 관한 책을 쓰고, 수천 명의 독자를 만나고, 그들의 이야기를 들으면서 알게 되었다. 또 팟캐스트를 진행하면서 수백 명의 리더를 만나 바람직한 삶의 방식에 대해 인터뷰하고, 수백 개의 팟캐스트에 출연해 목적이 우리의 웰빙에 어떤 역할을 하는지 이야기하며 생각을 명확하게 정리한 것도 큰 도움이 되었다.

마지막으로, 내가 만났던 환자들의 이야기를 통해 이 사실을 알게 되었다. 나는 호스피스 및 완화 치료 전문의로 일하는 동안 환자들과 의미 있는 인생이란 무엇인지에 대해 이야기를 나누면서 많은 시간을 보냈다. 말 그대로 임종을 눈앞에 둔 사람들과 이런 대화를 나눈 적도 많다. 인생의 마지막 순간에 돈을 더 많이 벌거나 사무실에서 더 오래 일하지 못해서 아쉽다고 말하는 사람을 나는 본 적이 없다. 마지막 저항을 포기한 채 죽음을 직시하면서 불가피한 상황을 받아들이는 이들은 승진에 대한 생각 따위는 하지 않는다. 그보다는 지금까지 자신이 본질에 충실한 삶을 살았는지 생각한다. 자기답게 살면서 본인에게 중요한 일을 추구할 용기가 있었는지 자문한다. 최선을 다했다고 생각하며 실패한 일을 곱씹는 데 많은 시간을 허비하지 않는다.

사는 것과 죽는 것 모두 용기가 필요한 일이다. 우리가 갖고 있는 가장 큰 오해 중 하나는 죽을 때를 대비해서 용기를 남겨둔다고 생각하는 것이다. 하지만 사실 용기가 가장 필요한 시기는 인생이 시작될 때와 그 중간 지점이다. 이 책을 읽는 당신도 지금 그 중간 지점을 살아가고 있을 것이다. 어쩌면 부모와 자녀를 동시에 돌봐야 하는 상황에 힘들어하면서 자신을 잃은 듯한 기분을 느끼고 있을지도 모른다. 어쩌면 이전 세대보다 교육 수준은 높지만 선택의 폭은 좁고 방향도 불분명한 세대에 속해 있을지도 모르겠다. 잘 차려입었지만 갈 곳이 없는 상태인 것이다.

그렇게 어디를 가야 할지 몰라 길을 잃은 기분이라면 바로 이 책이 당신에게 길을 알려줄 것이다.

작은 목적들로 이루어진 충만한 삶을 구축하라

이 책은 기본적으로 행복으로 가는 여정을 이야기한다. 행복을 어떻게 정의해야 하는지, 그리고 행복이 과연 우리가 추구해야 할 목표인지에 관한 논쟁은 오래전부터 이어져왔다. 그러나 행복을 어떤 용어를 써서 어떻게 정의하건 간에 우리가 궁극적으로 얻고자 하는 것은 내면의 평화로움과 소속감 그리고 어느 것도 예측할 수 없는 이 세상에서 삶이 긍적적으로 변화하리라는 희망이다. 그리고 이 책이 당신이 원하는 그 목표를 이루는 데 다음과 같은 도움을 줄 수 있다.

제1부는 목적을 갖는 게 행복한 삶을 사는 데 있어서 매우 중요하지만 동시에 스트레스와 불안을 불러오기도 한다는 역설에서 출발한다. 그리고 목적을 '큰 P 목적'‘big P’ Purpose과 '작은 p 목적'‘little p’ purpose이라는 두 가지 유형으로 나누어서 이 역설을 해결하는 방법을 제시한다. 어째서 작은 p 목적이 큰 P 목적(이하 가독성을 위해 '큰 P 목적'과 '작은 p 목적'은 각각 '큰 목적', '작은 목적'으로 통일해 표기한다.―편집자)보다 좋을 뿐 아니라 행복을 긍정하는지 알아보고, 일상생활 속에서 이를 찾는 방법을 탐구한다. 그리고 그 과정에서 오늘날 사람들의 가장 큰 오해 중 하나인 '돈으로 행복을 살 수 있다'는 생각이 틀렸음을 입증할 것이다.

제2부에서는 행복을 가져다주는 데 있어 의미와 목적이 하는 역할을 살펴본다. 이 두 가지 용어를 혼동하는 경우가 많지만 의미는 '과거를 이해하는 방식'인 반면, 목적은 '현재와 미래에 나의 행동을 이끄는 기준'을 뜻한다. 결국 우리에게는 이 두 가지가 모두 필요하다.

또한 제2부에서는 불운한 과거가 견딜 만해지고 가능성이 무궁무진한 미래를 만드는 방법에 대해 탐구하고자 한다. 나아가 우리가 작은 목적으로 이루어진 삶을 구축하도록 돕는 '등반'climb 이라는 강력하고 유용한 개념에 대해 알아볼 것이다.

마지막으로 제3부에서는 왜 이 모든 것이 중요한지를 논의한다. 사람들이 큰 목적에 집착하는 주된 이유는 그게 세상에 더 큰 영향을 미칠 수 있는 가장 확실한 방법이라고 생각하기 때문이다. 크고 대담한 목적은 사람들의 관심을 끌기 때문에 크고 대담한 것이다. 모름지기 진정한 목적이라면 어떤 사회적 이익을 창출하거나 엄청난 개인적 발전을 이루어야 한다고 믿는 이들이 많다. 적어도 노벨상을 타거나 억만장자가 되어야 한다고 말이다. 하지만 결국 여러 세대에 걸쳐 영향을 미치는 유산은 작은 목적인 경우가 훨씬 더 많다. 제3부에서 어떻게 그것이 가능한지 설명할 것이다.

나는 당신이 이 책을 읽는 동안 예전과는 다른 방식으로 목적을 이해하고 받아들일 수 있도록 돕고자 한다. 그 일환으로 각 장마다 일종의 목적 처방전을 제공할 것이다. 이 처방전을 통해 목적을 추구하려 할 때 흔히 따르는 스트레스와 불안이 사라지고, 자신이 어떤 사람인지도 더 잘 이해할 수 있으리라 확신한다. 자신이 원하는 것과 그것을 실현하는 방법까지 배울 수 있는 소중한 기회가 될 테니 부디 잘 활용해주길 바란다.

제3부　작은 목적은 인생 최고의 유산이 된다

제1부

불안을 떨쳐내는 작은 목적의 힘

큰 목적

작은 목적

실리아는 내가 만난 이들 가운데 삶의 만족도가 가장 높아 보이는 사람이었다. 심지어 사랑하는 어머니가 호스피스 병동에 들어간 뒤로도 그런 태도에는 변함이 없었다. 넉넉한 신탁 기금이 안락한 삶을 보장해준 덕분이기도 하지만 그보다는 자선 활동이 실리아의 영혼을 가득 채워주고 있었기 때문이다.

그녀의 부모님은 레스토랑 체인을 운영했다. 사업은 크게 번성했고 그들은 미국 중서부에서 가장 규모가 큰 노숙자 쉼터와 푸드 뱅크를 설립할 정도로 큰 부를 이루었다. 10년 전에 아버지가 심장마비로 갑자기 세상을 떠나는 비극적인 일이 있었지만 급성장 중이던 레스토랑 사업은 아무 지장 없이 계속해서 빠른 성공을 이어갔다. 어머니가 수익성 높은 사업과 자선 단체를 운영하는 동안 실리아는 매일 쉼터에 나가 침대를 정리하고 소외된 이들을 위로하고 배고픈 이들에게 맛있는 음식을 나눠주면서 자유롭게 시간을 보냈다. 그녀의 부모님은 사업의 수익을 지역 사회를 돕는 데 아낌없이 쏟아부었고, 그녀는 그들이 베푼 사랑과 유산을 증명하는 살아 있는 기념비와도 같았다.

실리아의 어머니는 만성 진행성 질환을 앓고 있었는데, 회사 측은 이에 대비해 사업부별로 이미 승계 계획을 다 세워둔 상태였다. 이사회는 후임자를 임명했고 업무 인수인계는 순조롭게 진행됐다. 하지만 푸드 뱅크와 노숙자 쉼터 쪽은 그런 꼼꼼한 인수인계에서 벗어나 있었다. 장례식을 치르고 묘지에서 가슴 아픈 오후를 보낸 지 얼마 지나지 않은 때였다. 실리아는 이사회로부터 회사의 자선 사업 부문을 감독하고 확장하는 책임을 맡아줬으면 한다는 통보를 받았다.

이런 상황에서 실리아가 약간 두려워했다고 말한다면 그건 그녀의 심정을 제대로 담아내지 못한 표현일 것이다. 지금까지 수익 계산과 이사회 회의, 전략 계획 등은 전부 아버지와 어머니가 관리해왔기 때문이다. 실리아는 현장에 나가 쉼터를 찾아온 노숙자들을 맞이하고 음식과 위안을 제공하는 것에서 기쁨과 마음의 평화를 얻었다. 그녀는 계속 같은 자리에 머물고 싶었고 아무것도 바뀌지 않기를 바랐다.

하지만 이사회는 훨씬 큰 계획을 세워둔 상태였고, 그 계획은 실리아의 마음까지 흔들 정도로 설득력 있는 것이었다. 그들은 앞으로 몇 년 안에 새로운 노숙자 쉼터를 설립하고 음식을 공급받는 사람 수를 두세 배쯤 늘리자고 제안했다. 너무 크고 대담한 목표였지만 어머니와 아버지, 도움이 필요한 이들을 생각하면 꼭 이루어야 할 중요한 일이라고 그녀는 생각했다.

세월이 흐르면서 계획은 점점 더 확대되었다. 실리아는 회사의 중역들이 모인 회의실에서 기부자들과 이야기를 나누거나 새로운 쉼터 설계를 논의하는 데 긴 시간을 보냈다. 주방에서 직접 음식을 나눠주는 시간은 이전보다 줄어들 수밖에 없었다. 그녀는 새로운 역할에 능숙해졌지만 거기서 얻는 기쁨은 순식간에 사라지고는 했다. 새로운 전략을 수립할 때마다 더 많은 이의 삶에 영향을 미쳤지만, 회사가 확장될수록 계속 성장해야 한다는 압박감도 커지는 탓에 심한 부담을 느꼈다.

실리아는 부모님을 일찍 여의었을 뿐만 아니라 젊은 시절에 그토록 충만한 기분을 안겨줬던 목적의식까지 잃었다는 사실에 애석해했다. 회사에서 높은 자리로 승진한 뒤 실리아의 일상적인 행동이 미치는 영향력은 전보다 몇 배는 더 커졌지만, 그녀 자신이 느끼는 개인적인 행복감은 훨씬 줄어들었다. 실리아의 목적의식이 커질수록 일상생활에서 얻는 즐거움과 동기는 오히려 줄어들었던 것이다. 거대한 목적의식이 정말 유해한 영향을 미칠 수도 있을까? 실리아에게는 확실히 그랬다. 어쩌면 지금 이 책을 읽는 당신에게도 그런 경험이 있을지 모른다.

하지만 여기까지 읽으면서 '어떻게 그럴 수 있지?'라는 의문을 품는 독자가 더 많으리라.

이어지는 장에서 살펴보겠지만 많은 연구와 일반적인 상식에서는 목적의식이 건강과 장수, 행복 같은 바람직한 것들과 깊은 상관관계가 있다고 이야기한다. 자기계발 전문가들이 항상 하는 말이 그것 아닌가? 제대로 된 목적의식을 찾기만 하면 모든 일이 잘 풀리고 행복하고 건강하게 살 수 있으며 태양은 항상 밝게 빛날 것이라고 말이다. 단, 그렇지 않은 경우만 빼면 말이다.

실리아의 사례는 목적이 우리의 생각보다 훨씬 미묘하다는 사실을 일깨워준다. 이처럼 목적을 찾는 과정은 기쁨과 행복이 아닌 불안과 상실감으로 가득할 수도 있다. 가능한 이점을 다 얻고 싶다면 이런 다양한 측면을 분석해서 자신에게 도움이 되는 것과 방해가 되는 것을 구분해야 한다. 그리고 목적의 이중적인 면을 이해하고 그 역설을 극복해야 한다. 한마디로 목적에 숨겨진 암호를 해독해야 한다는 뜻이다.

인생의 목적을 어떻게 세울 것인가

직접 팟캐스트를 운영할 때의 가장 좋은 점은 함께 이야기 나누고 싶은 사람들과 일을 명분 삼아 인터뷰를 할 수 있다는 것이다. 나는 즐겁고 알찬 대화를 좋아한다. 그런데 술술 진행되던 대화를 갑자기 뚝 끊어버리는 질문이 있다. 나는 그걸 여러 번의 인터뷰를 통해 알게 됐다. 혹시 불편한 침묵에 잠기고 싶은가? 아주 쉽다. 목적이라는 화두를 꺼내보라.

내 팟캐스트에 출연하는 사람들은 성공적인 사업을 일구고 멋진 라이프스타일을 영위하는 방법은 신나게 이야기하지만 그런 삶을 살기로 마음먹은 이유를 말하는 데는 무척 꺼리는 모습을 보인다. 그 얘기만 나오면 갑자기 표정이 굳으면서 다른 주제로 넘어가려고 하는데, 아주 불편한 기색이 역력하다.

내가 얘기를 나눠본 이들의 반응도 그렇지만 목적에 관한 질문은 모든 사람을 짜증 나게 하는 듯하다. 사업과 인생에서 전성기를 맞은 이들조차 이렇게 반응한다면 그렇지 않은 다른 사람들은 더하면 더했지 결코 덜하지 않을 것이다. 목적에 관한 이야기가 예의를 차려야 하는 자리에서 결코 입에 올려선 안 되는 욕설과 비슷하다고 생각하는 이들도 많다.

도대체 왜 이렇게 된 걸까?

목적의식을 가지면 행복감이 커지고 수명이 길어지며 건강도 좋아진다는 확실한 과학적 증거가 존재한다. 하지만 독자나 청취자 반응을 보면 '목적 불안'이 실제로 존재할 뿐 아니라 이 때문에 목적 추구가 무의미하다고 생각하는 이들도 많다는 걸 알 수 있다. 이런 당혹스러운 난제를 어떻게 해결해야 할까?

이 장에서는 목적의식이 삶에 가져다주는 긍정적 결과들에 대한 과학적 증거를 살펴보고 우리 삶에서 목적이 어떤 중요한 역할을 하는지 분석할 예정이다. 그리고 목적이 가진 역설의 핵심, 즉 목적이 삶을 풍요롭게 만드는 동시에 파괴할 수도 있다는 난제를 심층적으로 파헤칠 것이다.

여러 사례를 통해서도 드러나지만, 이런 불일치는 대부분 목적이 하나의 실체가 아니라 적어도 두 개 이상의 실체라는 데에서 비롯된다. 우리가 특정한 순간에 목적의식을 어떻게 생각하는지는 어떤 정의를 사용하느냐에 따라 달라질 수 있다.

평온하게 죽음을 맞이하는 사람들

나는 말기 질환과 싸우다 결국 완치를 포기하고 완화 치료를 받아들인 수많은 환자를 돌봐왔다. 그리고 이 환자들이 마지막 숨을 거두는 순간까지 병상을 지켰다. 그들이 임종 직전에 들려주는 후회와 추억담에 함께 울고 웃으면서 말이다.

죽음을 눈앞에 두면 삶에 대한 감정이 더 명확해진다. 그래서 슬픈 이야기를 들려주는 사람도 많았지만 한편으로는 평온한 마음으로 자신이 이루어낸 삶의 승리를 말하는 이들도 적지 않았다.

내가 만나본 가장 평화로운 이들은 평생 강렬한 목적의식을 품고 살아온 이들이었다. 실리아의 경우처럼 그 목적의식이 세상을 바꾸려는 노력으로 표출된 경우도 있다. 사실 노숙자 쉼터와 급식소를 만들자는 아이디어를 처음 낸 사람은 어머니 마리였다. 마리는 어릴 때 형제들과 자선 활동에 참여한 적이 있었는데, 그때 도와준 이들의 표정과 진심 어린 감사 인사에서 깊은 영감을 받았다. 마리는 만성 질환으로 숨을 거두는 순간에도 어린 시절의 기억을 회상했다. 또 딸과 함께 불우한 이들에게 음식과 쉼터를 제공하면서 쌓은 새로운 기억을 떠올리며 미소 지었다.

하지만 이들처럼 세상을 바꾸려는 사람만 목적을 추구하는 과정에서 행복을 느낄 수 있다고 생각한다면 오산이다.

카를로스는 자기 방에 캔버스와 붓만 있으면 바깥세상은 아예 존재하지도 않는 것처럼 그 안에 갇혀 살 수 있다는 말을 자주 했다. 소박한 원룸 아파트에서 조용히 세상을 떠난 카를로스에게는 친구가 별로 없었고 그를 찾아줄 가족도 없었다. 하지만 호스피스 간호사들은 임종을 앞둔 그의 집을 찾아갈 때마다 그렇게 외로운 사람이 어쩜 그리도 즐거워 보이는지 깜짝 놀라곤 했다. 그의 작은 아파트는 알록달록한 캔버스로 가득했다.

카를로스는 자기가 그린 그림 얘기가 나올 때마다 그리움 가득한 눈빛으로 마치 그림이 자식이라도 되는 듯 이야기를 풀어놓았다. 또 붓 터치 하나하나에 담긴 의도를 생생하게 묘사해 방문객들을 놀라게 하기도 했다. 그림은 카를로스의 삶에 끝없는 의미를 새겨줬고 그는 다음 캔버스는 어떤 모습으로 완성될지 꿈꾸면서 행복하게 생을 마감했다.

나는 환자들의 임종을 지키며 삶의 목적이 그들의 인생에서 얼마나 중요한 역할을 했는지 알려주는 일화들을 많이 들었다. 하지만 일화는 전체 이야기의 일부만 보여줄 뿐이다. 목적이 우리 삶에서 어떤 역할을 하는지 제대로 이해하려면 몇 가지 일화가 아닌 전체를 보여주는 데이터를 꼼꼼히 살펴봐야 한다.

삶의 목적이 있는 사람은 늘 행복할까?

나는 당신이 인생에서 목적의 역할을 완전히 재정의하도록 돕고자 한다. 그러려면 먼저 이 단어의 일상적인 용법에 대해 서로 의견이 일치해야 한다. 과학 연구에서 이야기하는 목적의 뜻은 대개 '우리가 어떤 일을 하는 이유'로 귀결된다. 그건 행동의 이면에 도사리고 있는 의도이자 우리가 무언가를 만들고 창조하는 이유, 즉 우리의 존재 이유다. 그래서 연구자들은 주로 '삶의 목적'purpose in life이라는 용어를 사용한다.

일반적으로 삶의 목적의식은 스스로 통제할 수 있다고 여기기 때문에 대부분의 과학 연구는 목적의식을 추구했을 때 생기는 효과에 초점을 맞춘다. 그리고 그 결과는 놀라울 정도로 긍정적이다. 사실 너무 놀라운 수준이라서 실제로 목적이 우리 삶에 얼마나 중요한 역할을 하는지 파악하려면 수치를 자세히 살펴봐야 한다. 이 연구는 대부분 미시간 대학이 진행한 '미국 건강 및 은퇴 연구'라는 종단 연구를 기반으로 한다. 이들은 2년마다 한 번씩

약 2만 명의 응답자를 대상으로 의료, 주택, 자산, 연금, 고용, 장애 등의 주제를 놓고 인터뷰를 진행한다.

2019년에 'JAMA 네트워크 오픈'JAMA Network Open 프로젝트 데이터를 이용해 진행한 한 연구에서는 50세 이상 미국 성인들의 인생 목적과 전체 사망률 간의 연관성을 살펴봤다.[3] 일곱 개 문항의 설문지를 통해 인생 목적을 측정한 다음, 응답자들의 답변에 따라 1점에서 5점 사이의 목적 점수를 부여했다. 그리고 향후 5년간 이들을 모니터링하면서 건강 상황을 추적했다. 그 결과 삶에 대한 목적의식이 강할수록 전체적인 사망률이 감소할 뿐만 아니라 특히 심장, 순환기, 혈액 질환으로 인한 사망 위험이 낮아진다는 결론이 나왔다.

또한 미국 건강 및 은퇴 연구 데이터를 활용한 2021년 연구에서는 높은 목적의식을 가진 사람, 즉 상위 25퍼센트에 속하는 사람은 하위 25퍼센트에 속하는 사람보다 신체 활동이 부족해질 위험이 24퍼센트, 수면 장애를 앓을 위험이 33퍼센트, 과체중이 될 위험이 22퍼센트 낮은 것으로 나타났다.[4]

장수와 전반적인 웰빙도 물론 중요하지만 우리가 정말 알고 싶은 건 인생에서 목적을 추구하는 사람이 결국 더 행복해지느냐일 터다. 행복의 개념은 정의하기 어렵지만 여러 연구에서 다양한 집단을 대상으로 둘의 연관성을 살펴봤다. 페이스 대학의 로스티

슬라프 로백Rostyslaw Roback과 폴 그리핀Paul Griffin은 대학생 118명에게 삶의 목적을 쭉 적게 한 다음, 설문조사를 통해 이들의 우울도와 행복도를 측정했다. 그 결과 삶의 목적과 행복 사이에는 강력한 양의 상관관계가 존재하고 삶의 목적과 우울증(또는 죽음) 사이에는 음의 상관관계가 존재한다는 점이 드러났다.[5] 청소년들이 일상적으로 느끼는 목적의식을 조사한 케일린 라트너Kaylin Ratner는 이들이 목적의식을 강하게 느끼는 날에는 행복감이 눈에 띄게 커졌다고 보고했다.[6] 회사에 목적 지향적인 업무 문화를 조성하는 관리자가 있으면 직원들에게 도움이 된다는 데이터도 있다.[7]

이런 긍정적인 면을 모두 고려하면 목적의식이 우리의 전반적인 웰빙과 행복에 도움이 되는 게 당연하게 느껴진다. 하지만 앞서 만나본 실리아와 마리 모녀의 경우를 보면, 목적은 해독하기 어려운 암호처럼 보인다.

실리아가 목적의식을 통해 기쁨을 느끼는 때는 주로 노숙자 쉼터로 사람들을 데려오거나 배고픈 이들에게 직접 음식을 나눠줄 때였다. 반면 마리는 노숙자 쉼터에는 거의 얼굴을 비치지 않았다. 마리는 그런 세부적인 일은 다른 이들에게 맡기고, 전체적인 상황을 움직이는 중요한 행정 결정을 내릴 때 더욱 생생한 목적의식을 느꼈다.

마리가 세상을 떠난 후 실리아는 전보다 중요하고 영향력 있는 역할을 맡게 됐지만 그녀의 불안은 커져만 갔다. 그녀는 여전히 예전과 같은 '목적'을 이루려고 노력했지만 그걸 실천하면서 얻는 성취감은 사라졌다. 똑같은 목적을 위해 일하는데도 이제는 그 일이 우울증과 수면 부족을 초래하게 된 것이다.

이는 실리아가 지닌 목적의 크기와 일상적인 활동이 달라졌기 때문이다. 전에는 개개인을 돕는 데 집중했지만 이제 그녀는 지역사회 전체를 개선한다는 더 큰 목적을 갖게 됐다. 그래서 급식소에서 직접 음식을 나눠주는 시간은 줄고, 컴퓨터 앞에 앉아 보조금 신청서와 감사 편지를 작성하는 시간이 늘어났다. 이건 어머니인 마리에게는 중요한 일이었지만 안타깝게도 실리아에게는 전보다 훨씬 만족스럽지 못한 일이었다. 예전에는 활동과 목적이 균형을 이루면서 자연스럽게 양립했기에 노력하는 과정 자체도 결과만큼이나 의미 있게 느껴졌다. 하지만 이제는 실리아와 어머니가 예전에 느끼던 행복과 완전히 반대되는 상황이 된 것 같았다.

만약 활동과 목적이 서로 어긋나게 내버려두면 부정적 악순환에 빠질 수 있다. 목적에 담긴 야망과 거기에 필요한 희생은 커지는 데 반해 활동에서 얻는 성취감은 점점 줄어든다. 그 결과 성취감 부족과 목적을 추구하는 과정에서 느끼는 희생의 쓴맛을 보상받기 위해 갈수록 더 야심 찬 목표를 추구하기에 이른다. 이처럼 목적에 두려움이 가득하고 목적 때문에 스트레스만 받게 되면 결국 목적은 저주와 별반 다를 게 없어진다.

당신도 실리아처럼 목적이라는 개념에 위축된 적이 있는가? 머리 위로 무거운 돌덩이가 떨어진 것 같은 기분을 느낀 적이 있는가?

그렇다고 해서 너무 초조해할 필요는 없다. 그건 당신만 느끼는 기분이 아니니까. 당신은 목적의 어두운 면에 시달리고 있는 것뿐이다. 이를 목적 불안이라고 부르는데, 우리는 대부분 살면서 한 번쯤 이런 불안에 빠져들곤 한다.

돈이 많았던 내가 불안에 시달렸던 이유

실은 나 역시 목적 불안에 매우 익숙하다. 2014년, 나는 1차 진료의로 일하다가 심한 번아웃을 겪었다. 일에 치이다 못해 완전히 탈진한 나는 이 힘든 일을 앞으로 수십 년은 고사하고 단 1년도 더 하고 싶지 않았다.

그때쯤 나는 이미 재정적으로 자립한 상태였고 직장을 완전히 그만둬도 괜찮을 만큼 돈이 충분했다. 처음에는 정말 신이 났다. 당장 일을 그만두는 상상만 했다. 하지만 오래지 않아 그 기쁨은 사라지고 어떤 불안감이 나를 짓누르기 시작했다. 정확히 말하면 그건 목적에 대한 불안이었다. 나는 어릴 때부터 청년기까지 계속 의사가 되는 것만 생각하며 살아온 사람이었다. 생명을 구하고 세상을 치유하고 변화를 이루는 것이 나의 크고 담대한 목적이었다. 몇 년간 의사로 일하면서 때로는 그 목적을 이룰 수 있을 듯한 기분이 들기도 했다.

의사 일을 그만둔다는 건 그렇게 소중히 여기던 일을 버리고 내 목적에서 벗어난다는 뜻이었다. 그 뒤에 남을 엄청난 공허함을 어떻게 채울 수 있을까? 의료계 바깥에서 전에 그랬던 것처럼 중요하다고 느낄 수 있는 새로운 정체성을 만들려면 어떻게 해야 할까? 머릿속이 텅 비고 입이 바싹 말랐다. 어떻게 해야 할지 전혀 알 수가 없었다.

그렇게 나는 세상이 뒤흔들리는 듯한 불안감을 느꼈다. 극심한 불안을 해소하려고 수년간 깊은 사색에 잠기거나 일기를 쓰거나 심지어 심리 치료까지 받아야 했다. 2014년에 재정적인 독립을 이뤘다는 사실을 처음 깨달은 날부터 직장을 완전히 그만두기까지 4년간 몹시 힘든 시간을 보냈다.

돌이켜보면 내 인생에서 이 시기는 헤아릴 수 없을 만큼 중요한 시간이었다. 나 자신과 나의 목적의식을 다시 평가하고 창조할 기회를 얻었다는 건 얼마나 큰 행운인가. 우리 모두 일생에 한 번쯤은 이런 기회를 가져야 하지 않을까. 당연히 그래야 한다.

그렇다면 왜 이런 삶의 전환점이 그렇게 심한 불안감을 안겨주는 걸까?

당신이 목적 불안에 시달리고 있다는 네 가지 신호

목적 불안은 삶의 목적을 모르기 때문에 생기는 두려움이다. 라리사 레이니Larissa Rainey가 〈삶의 목적 찾기: 목적 탐구, 탐색 과정, 그리고 목적 불안〉이라는 제목의 논문에서 이 개념을 처음 정의한 바 있다.[8] 레이니는 삶의 목적을 찾으려고 고군분투하는 과정에서 느끼는 스트레스, 두려움, 걱정, 좌절, 불안 같은 부정적인 감정을 전부 포괄하고자 이 용어를 사용했다.

레이니는 대다수의 사람이 목적의식을 갈망하지만 그중 약 91퍼센트는 목적을 찾는 과정에서 어느 정도 불안감을 느낀다는 사실을 알아냈다. 이런 목적 불안은 행복을 크게 저해하며 불안감 때문에 실제로 목적 추구를 포기하는 이들도 많다.

그렇다면 내가 목적 불안을 겪고 있는지 어떻게 알 수 있을까? 목적 불안은 명확한 심리적 고통 외에 다른 여러 가지 방식으로도 나타나기에 생각보다 깨닫기 힘들다. 하지만 그동안의 행동과 진로를 평가해보면 관련 징후가 분명하게 드러날 것이다.

잦은 커리어 전환

이직과 전직이 수입이나 커리어 측면에서 건전한 시도인 경우도 있지만 때론 목적 불안의 징후인 경우도 있다. 겉으로는 완벽한 직업을 찾는 일에 집중하는 듯 보이지만 실은 자기 내면의 의미와 기쁨을 만들기 위한 시도일 수도 있다는 얘기다. 그러나 직함이나 돈은 진정한 행복을 보장하지 못한다. 그건 그냥 일종의 꼬리표 또는 숫자일 뿐이다. 그보다는 성취감을 얻을 만한 역할을 창출하고 보다 의미 있는 활동으로 시간을 채우려고 노력해야 한다. 직함이나 돈에 집중하는 것은 직접 목적을 만드는 어려운 과정을 거치지 않고 외부에서 목적을 찾으려 하는 서툰 시도다. 이런 일이 반복되면 새 직함을 얻고 난 뒤에도 내면이 꽉 차기보다 공허함을 느끼고, 결국 더 나은 결과를 바라면서 다음 직장으로 이직할 생각을 또 하게 되는 악순환에 빠진다.

가면 증후군

가면 증후군은 일상생활 속에서 목적 불안을 드러내는 또 다른 방식이다. 우리는 본인이 하는 일에 별로 능숙하지 않다는 생각을 가지고 있다. 새로운 역할에 적응하려고 노력하는 성실한 전문가들마저 그렇다. 그러나 때론 가면증후군에 빠지는 근본적인 이유에 대해 생각해볼 필요가 있다. 그 역할이 실제로 우리의 내적 욕구나 필요, 목표에 부합하지 않기 때문이 아닐까? 우리는 그 일이 내게 적합한지를 묻기보다 내가 그 일에 적합한지를 묻곤 한다. 그리고 자신이 부적합한 이유를 전문성이 부족한 탓으로 돌린다. 사실 진짜 의문을 제기해야 할 부분은 '그 일을 잘하는 것이 정말 내가 원하는 것인가?'다.

완벽함에 대한 집착

내가 찾으려고 하는 그 목적이 실제로 존재하지 않는다는 믿음 또한 목적 불안을 드러내는 또 하나의 징후다. 이것 때문에 목적을 '찾는' 것과 목적을 '만드는' 것을 혼동한다(이에 대한 내용은 제3장에서 더 자세히 다룰 예정이다). 더 큰 문제는 이런 믿음이 다양한 수준의 다양한 목적이 아니라 하나의 크고 진정한 목적만을 지녀야 한다는 잘못된 결론으로 이어진다는 점이다. 그 일을 제대로 해내는 걸 너무 강조하는 탓에 우리는 종종 완벽함이 최선의 적이라는 사실을 간과한다. 목적은 보는 사람의 관점에 따라 달라질 수 있으며 여기에는 창의성을 발휘할 여지가 많다는 점을 기억하자.

다른 이들과의 끊임없는 비교

당신이 목적 불안에 시달리고 있다는 마지막 징후는 남들과의

과도한 비교로 화가 치미는 지경에 이르렀을 때다. 다른 이들의 성공 수준과 자신을 비교하는 건 흔한 일이지만 이는 대개 불안 감을 유발하며 혼란을 줄이기는커녕 더 큰 혼란을 가져온다. 그렇게 비교하다 보면 결국 다른 사람의 목적을 자신의 것으로 착각하고, 이 때문에 목적 불안이 더 심해진다. 모든 사람은 각자 동기를 얻는 자기만의 방식을 가지고 있다는 사실을 기억하자. 그래야 남과 자신을 올바르게 분리할 수 있다. 다른 사람의 벨트 고리에 맞추려고 애쓰지 말고 내게 맞는 벨트를 사서 내게 맞는 고리를 만들어야 한다.

당신의 목적이 나와 똑같을 수는 없다. 그런데 왜 우리는 계속 남들을 따라 하려고 하는 걸까?

이정표가 사라진 곳에 남은 건 타인과의 비교뿐

오늘날 현대인들은 목적 불안이라는 늪에 빠져 있다. 이는 당신이 잘못해서 생긴 일도 아니고 당신만 겪는 문제도 아니다. 하지만 그 원인이 뭔지 알면 공통된 함정을 피하는 데 큰 도움이 될 수 있다. 목적 불안의 이유를 전부 파악하기는 힘들겠지만 잠시 시간을 내 몇 가지 주요 원인을 살펴보자.

길어진 수명

오늘날 전 세계 평균 수명은 약 71세로, 1900년 이후 두 배 이상 증가했다.[9] 다시 말해 우리는 과거 그 어느 때보다 오래 살고 있다. 1890년에 산업화가 덜 된 나라에서 태어났다면 서른다섯 살 이상까지 살 가능성이 지금보다 훨씬 낮았을 것이다. 그렇게 수명이 짧다 보니 당시에는 삶의 목적을 걱정할 시간도 훨씬 적었다. 유년기와 청소년기 그리고 노년기와 병약한 상태로 살아가는 시기가 인생에서 훨씬 많은 부분을 차지했다.

부와 자유 시간의 증가

빠르게 진행된 놀라운 산업 성장 덕에 우리의 생활 방식은 많은 변화를 겪었다. 부유한 산업 계층뿐만 아니라 잘 사는 중산층과 블루칼라 근로자도 늘었다. 기술 혁신으로 교통수단이 편리해지고 전력망이 확장되자 사람들이 수면 및 각성 주기를 잘 조절하게 되었다. 기계가 중노동의 많은 부분을 대체했고 시간이 오래 걸리는 작업 중 일부는 자동화로 대체되었다.

이렇게 사회가 근본적으로 바뀌면서 우리는 이전 세대들보다 훨씬 많은 자유 시간을 누리고 있다. 실제로 최근 랜드RAND 연구소의 조사에 따르면 미국인에게는 하루 평균 다섯 시간 이상의 자유 시간이 있는 것으로 추정된다.[10]

은퇴라는 개념도 비교적 새로운 개념이다. 이제는 대부분의 사람이 은퇴 생활을 할 수 있을 뿐 아니라 그 시간 또한 길어졌다. 1970년 이후 미국에서 은퇴 생활을 하는 기간은 평균 5년 가까이 증가했다.[11] 생존이나 돈벌이 같은 소모적인 일에 몰두하지 않고 자신의 존재에 대해 고민할 수 있는 시간이 전에 없이 길어진 것이다.

사라진 이정표

회사 일에는 최소한의 노력만 기울이고 자신을 직장과 분리해 직업에 얽매이지 않는 이들이 늘어나고 있다. 직장 안이 아니라 밖에서 의미를 찾는 추세 때문에 일반 근로자들은 이제 회사 사명에 공감하지 못하며 책임감도 덜 느끼게 됐다. 회사는 내게 별로 관심이 없는데 왜 나만 회사에 몰두해야 한단 말인가. 그 결과 한때는 목적과 즐거움의 중요한 원천이었던 직업이 더 이상 그 두 가지를 제공하지 못하는 의도치 않은 결과가 발생했다.

하지만 사람들이 조용히 관심을 거둔 분야는 직장뿐만이 아니다. 종교도 마찬가지다. 미국공영라디오NPR에 글을 기고하는 제이슨 드로즈Jason Derose는 미국인의 삶에서 종교의 중요성이 갈수록 줄어들고 있다고 말한다.[12] 최근 공공종교연구소Public Religion Research Institute에서 실시한 설문조사에 의하면, 종교가 삶에서 가장 중요하다고 대답한 미국인의 비율은 16퍼센트에 불과했다. 이는 10년 전의 20퍼센트에 비해 감소한 수치다.

사람들은 이제 더 이상 일이나 종교에서 목적을 찾지 않는다. 과거에 일반적인 의미 체계를 형성했던 거대한 외부 구조를 이제는 다들 거부하고 있다. 이런 외적인 이정표가 없어진 사람들은 비교라는 끝나지 않는 게임의 전문가가 되었고, SNS 인플루언서들은 이들의 애타는 시선과 관심을 먹고 성장했다.

SNS와 비교

오늘날 현대인들이 심한 불안감에 시달리는 건 어찌 보면 너무도 당연한 일이다. 휴대전화를 들여다볼 때마다 눈앞에 펼쳐지는 달성하기 힘들고 비현실적인 기준에 맞춰 삶의 목적을 정의하고 있으니 말이다.

우리는 자기도 모르는 새에 멋진 옷이나 탄탄한 몸매, 빈번한 유럽 여행 같은 걸 삶의 목적으로 삼아야 한다는 얘기를 듣고 있는 셈이다. 하지만 안타깝게도 대부분의 사람은 돈이나 패션 감각, 유전적 기질, 의지력이 부족하기에 이런 일을 해낼 수 없다. 게다가 SNS에 너무 많은 시간을 쏟다 보면, 자신의 목적을 정의하고 구축하는 힘든 일을 하지 않으려 하고 다른 사람의 목적의식을 훔치려고만 든다. 그리고 이것 때문에 다들 불행해진다.

크고 대담한 목적이 주는 환상에서 벗어나라

문제는 어떻게 해야 이 상황을 잘 헤쳐 나갈 수 있는지, 어떻게 해야 힘든 일들을 해결하고 의미 있는 삶에서 비롯되는 장수와 행복의 긍정적인 효과를 누릴 수 있는가다.

이 분야에서 많은 연구와 노력을 거듭한 끝에 나는 간단하지만 근본적인 변화를 이루어야 이 모든 일이 가능해진다는 사실을 깨달았다. 하지만 인간의 본성상 처음부터 그런 변화를 이룰 수는 없다는 데 문제가 있다.

중년의 나이에 호스피스 환자가 된 리키는 내가 영원히 잊지 못할 인물이다. 그는 큰 성공을 거둔 변호사였다. 그는 로스쿨을 졸업한 뒤 취업 시장이 너무 암울해서 들어갈 곳이 없자 직접 변호사 사무실을 열었다. 누구보다도 열정적으로 일했던 리키는 착착 성과를 쌓으며 작은 로펌을 대규모 로펌으로 성장시켰다. 그는 회사의 유일한 파트너 변호사에서 100명 넘는 변호사를 이끄는 수석 파트너가 되었고, 시카고 지역에서만 활동하던 작은 회사를 미국 최대 규모의 로펌 중 하나로 성장시켰다.

이렇게 한 걸음씩 나아가며 목적에 맞는 성과를 올릴 때마다 리키는 자부심이 솟구치는 걸 느꼈다. 하지만 몇 주만 지나면 그 기쁨이 사그라들곤 했다. 그때마다 그는 더 크고 대담한 목적을 세웠다. 예기치 못한 신장암으로 죽어가는 동안에도 그는 침대 옆 탁자에 컴퓨터를 올려놓고 회사를 사상 최대 금액으로 매각하는 새로운 계약을 체결하려고 열심히 노력했다.

그런데 한 호스피스 간호사가 리키와 함께 인생 회고(제3장에서 자세히 살펴볼 인생 평가 과정)를 진행하던 중 놀라운 사실을 발견했다. 리키는 사실 열정이 고갈된 상태였다. 그는 애초에 변호사라는 직업을 별로 좋아하지 않았고 현재 진행 중인 회사와 관련된 협상도 기록적인 금액으로 매각을 성사시키는 데만 관심이 있었을 뿐이다.

하지만 리키는 평생 이런 성과를 좇으면서 살았다. 한마디로 그는 성취라는 쳇바퀴에 갇혀 있었던 것이다. 성공에서 얻는 단기적인 기쁨은 그의 영웅적인 발걸음에 활력을 불어넣었지만 그는 다음 목적지를 예측할 수 없었다. 계속 달리고 또 달렸지만 제자리에 머무는 기분이었다. 리키는 결코 행복하지 않았고 진정한 만족감을 느끼지도 못했다. 기쁜 일이 있어도 그 감정은 항상 목적 달성을 위해 다음 목표로 나아가기 전까지 잠깐 동안만 지속되었다.

이렇듯 개인적으로 별로 의미가 없는 크고 대담한 목적에만 집중하면 다음과 같은 세 가지 결과에 직면할 수 있다. 안타깝게도 이 중 어느 것도 바람직하지 않다.

- 목적을 달성하지 못한다. 그러면 앞으로도 계속 목적을 달성하지 못한 채 씁쓸하고 후회스러운 마음으로 인생을 마무리할 것 같은 기분이 든다.

- 목적을 달성하지만 기쁨보다 공허함을 느낀다. 결과에서 의미를 찾으리라 여기면서 좋아하지 않는 일에 시간을 허비한다. 하지만 목표 달성과 관련해서는 쾌락 적응(좋은 일이나 나쁜 일이 생겨도 시간이 지나면 다시 비슷한 행복 수준으로 돌아가는 심리적 경향—옮긴이)이 잔인한 방향으로 작용한다. 우리는 산 정상에 올라도 공기가 좋아지지 않는다는 걸 깨달으면 그 이유를 묻기보다 더 큰 산을 찾아 나선다.

- 갈망하던 목적을 이루는 데 지나치게 많은 시간과 에너지를 쏟은 탓에 그걸 잃을까 봐 두려워하게 된다. 주식 시장이 하락해 순자산이 줄어들 수도 있고, 새롭고 뛰어난 로펌이 등장해 우리 로펌의 시장점유율이 낮아질지도 모른다. 손실 회피라는 두려움은 애초 목적을 달성하지 못할 가능성보다 두 배나 큰 두려움으로 다가온다.

이 장 초반에 목적을 차마 입에 올리지 못할 욕설처럼 생각하는 사람들도 있다고 말한 바 있다. 정말 목적은 욕과 비슷할까? 답은 분명히 '아니요'다. 수많은 연구를 통해 삶의 목적을 가진 사람은 더 오래 살고 건강하며 행복해질 수 있다는 사실이 입증되었다. 하지만 삶의 목적을 찾는 것과 관련된 불안감이 실제로 존재할 뿐만 아니라 요즘에는 사회 전반에 만연해 있다. 앞서 애기했듯이 그 이유는 여러 가지다.

우린 이 시점에서 잘못된 선택지 두 가지 중 하나를 고르는 경우가 많다. 들어가는 글에서 이야기한 콘퍼런스 참석자처럼 목적 추구를 의도적으로 포기하거나, 영혼을 채우는 데 도움이 되지 않는 쳇바퀴 같은 상황에 자신을 묶어두는 것이다.

목적이라는 암호를 해독하는 비결은 이 두 가지 선택지 모두가, 우리가 원하는 바(목적이 가져다주는 장점들은 취하고 불안감은 떨쳐내는 것)를 이루어주지 못한다는 사실을 깨닫는 것이다. 그리고 그러려면 아주 단순한 목적도 하나가 아닌 '두 개의 실체'로 이루어져 있다는 점을 먼저 인식해야 한다. 다음 장에서 이 두 가지 흥미로운 실체가 무엇인지에 대해 알아보기로 하자.

인생의 변화를 위한 목적 처방전: SNS 점검하기

- 다음 주에 한 시간씩 두 번, 따로 일정을 비워두자. 가능하면 전자 기기를 전부 끄거나 휴대전화를 무음으로 설정해두고 방해받지 않을 조용한 장소를 찾아보자.
- 스마트폰을 다시 켜고 좋아하는 SNS 앱을 연다.

- 10분 뒤에 알람이 울리도록 설정해놓고, 당신이 가장 좋아하는 SNS 앱을 둘러본다.

- 시간 가는 줄 모르고 글을 전부 탐독하는 스타일이라면, 이번에는 그러지 말자! 게시물 하나당 보는 시간을 30초로 제한하고 다음으로 넘어가야 한다.

- 10분 뒤 알람이 울리면 휴대전화 전원을 끄고 심호흡을 몇 번 한다. 마음을 가다듬고 긴장을 풀어야 한다.

- 이제 기억에 남는 이미지나 이야기를 두세 가지 골라 거기에 집중한다. 특히 FOMO(Fear Of Missing Out의 약자. 좋은 기회를 놓치고 싶지 않은 마음)를 유발하거나 영감을 주거나 목적이 뚜렷한 이미지에 집중하자. 친구가 최근에 간 휴가 여행이나 유명 인플루언서가 새로 산 패션 아이템을 골랐는가? 아니면 친구가 자랑한 목표 체중과 체지방률, 혹은 동료의 커리어 이정표를 골랐는가?

- 이런 목표와 비슷한 목표를 달성하는 데 필요한 시간과 에너지, 자원을 현실적으로 계산해보자.

- 목표를 이루려고 시간과 에너지를 쏟은 것이 만족스러운가? 노력할 만한 가치가 있는가? 만약 여정의 마지막에 가서 부족한 점이 있다면 어떨까? 그래도 가치가 있을까? 시간을 '낭비'했다는 후회가 드는가?

- 마지막으로 이런 자랑스러운 목표를 달성한 뒤에 더 새롭고 좋은 목표가 나타났다고 상상해보자. 지금 타는 차보다 좋은 차가 출시될 수도 있고 직장 동료가 높은 자리로 승진할 수도 있다. 또 순자산 목표액을 달성했지만 그 만족감이 금세 시들해질지도 모른다. 그래도 여전히 행복할까? 내가 이룬 일이 여전히 목적의식을 충족시키는 것처럼 느껴질까?

- 답이 명확하지 않아도 괜찮다. 이 연습은 특정한 목표를 중심으로 하는

목적, 특히 SNS에서 본 다른 이들의 성취와 목표를 따라 하는 것이 정말 의미 있으며 행복한 삶을 사는 길인지 생각해보기 위한 활동이다. 내 생각에 답은 분명히 '아니요'일 것이다. 제2장으로 넘어가서 그 이유가 무엇인지 알아보자.

인생은 '모 아니면 도'의 게임이 아니다

목적의식을 찾으면 행복이 늘어나고 불안은 줄어야지 그와 반대되는 일이 벌어져선 안 된다. 역설적인 상황이 발생하면 곤란하다는 말이다. 하지만 살다 보면 목적이 매우 복잡하게 작용하는 모습을 계속 목격하곤 한다. 이는 우리처럼 평범한 사람들뿐만 아니라 성취의 정점에 도달한 듯한 이들에게도 마찬가지다.

1930년대부터 1950년대까지 활약하면서 25편의 영화에 출연했던 헤디 라마Hedy Lamarr는 세계에서 가장 성공한 여배우 중 한 명으로 손꼽힌다. 그녀는 커리어의 정점까지 올라 명성과 부를 쌓았고 비할 데 없는 아름다움으로 대중의 찬사를 받았다. 하지만 정작 라마 본인은 그 일들에서 성취감을 느끼지 못했다.

그녀는 1966년에 출간한 자서전 《엑스터시와 나》Ecstasy and Me 에 "얼굴이 내 불행의 근원이었다."라고 썼다. "이 얼굴 때문에 여섯 번 결혼에 실패했고 온갖 나쁜 사람들이 꼬였으며 50년간 온갖 비극과 슬픔을 겪었다."라고 말했다.[13]

라마는 유명한 배우가 되겠다는 대담한 목적의식 때문에 에너지가 고갈되고 성취감을 잃었다는 사실을 깨달았다. 인기의 비결을 묻자 그녀는 이렇게 대답했다. "어떤 여자든 매력 넘치는 사람이 될 수 있어요. 가만히 서서 멍청한 표정만 짓고 있으면 되죠."

사실 라마는 결코 멍청하지 않았다. 연기 활동에 불만이 많았던 그녀는 촬영 사이사이의 빈 시간에는 대기실 구석에 틀어박혀 있었고 집에서는 연기와 전혀 상관없는 활동에 몰두하며 밤을 지새웠다. 예전에 품었던 명성과 부에 관한 거창한 꿈을 버리고 훨씬 소박하지만 만족스러운 꿈을 추구했다.[14]

바로 발명가가 되는 것이었다.

이후 수십 년 동안 그녀는 발포성 콜라 정제부터 하워드 휴즈Howard Hughes 의 경주용 비행기 설계에 이르기까지 다양한 프로젝트에 참여했다. 실제로 라마가 보유한 특허 가운데 '주파수 도약'을 이용해 수중 무선 조종 미사일을 유도하는 '비밀 통신 시스템'은 군에서 채택해 사용하기도 했으며, 덕분에 그녀는 오늘날 (논란의 여지는 있지만) 와이파이 발명의 선구자로 불린다.[15]

라마는 자신의 발명품으로 세상을 바꾸고자 하는 생각은 없었다. 그냥 가장 좋아하는 일이 발명이었을 뿐이다. 할리우드 제작자들은 라마의 지적인 면을 숨기려고 최선을 다했지만(너무 똑똑해 보이면 순진한 여성이라는 이미지에 흠이 될지도 모른다고 생각했다) 결국 라마는 주파수 도약 기술을 개발한 공로를 인정받아 2014년에 미국 발명가 명예의 전당에 사후 헌액되었다.

그렇다면 라마는 어떻게 목적이라는 개념을 그토록 엉뚱하게 오해하는 동시에 또 옳게 이해하게 된 걸까?

이 장에서는 우리가 목적이라는 개념을 근본적으로 잘못 해석하고 있다는 점을 설명할 것이다. 우리는 흔히 목적을 하나의 실체라고 생각하지만 사실은 그와 정반대다. 인생의 변화를 원한다면 목적이 적어도 두 가지 크기로 존재하고, 미래의 행복은 그중 올바른 것을 선택하는 데 달려 있다는 사실을 알아야 한다.

현명한 선택이 모든 것을 좌우한다. 이 선택으로 불안과 좌절로 가득한 삶을 살지, 아니면 건강하고 행복한 삶을 살지가 결정된다. 하지만 어느 쪽이든 반드시 선택해야 한다는 걸 잊지 말자. 나에게 가장 적합한 목적의 크기를 판단할 수 있는 사람은 오직나 자신뿐이다.

힌트를 하나 주자면, 답은 모든 사람에게 동일하다.

나는 불행한 의사였다

내가 번아웃에 시달리다가 결국 의사 생활을 그만둔 건 놀라운 일이 아니다. 돌이켜보면 내가 잘못된 크기의 목적에 맞춰 삶을 꾸려왔다는 사실을 분명히 알 수 있다. 삶의 곳곳에서 그 징후가 보였지만 나는 전부 무시했다. 이유는 여러 가지였지만 결과는 항상 같았다. 나는 '목적지'에 관해서는 오랫동안 생각했지만 그곳에 도달하기 위해 가야 할 '길'에 대해서는 거의 생각하지 않았다. 그 길은 내가 바랐던 것보다 훨씬 만족스럽지 못했고 의사라는 직업을 갖고 일하는 것도 즐겁지 않았다.

나는 **목적지가 곧 길**이고, 그 길이 종착점보다 더 중요하다는 사실을 몰랐다. 그러니 처음부터 실패할 운명이었던 셈이다.

이런 결점은 아주 어릴 때부터 존재했다. 어린아이들이 흔히 그렇듯이 나도 아버지의 갑작스러운 죽음이 내 잘못이라고 생각했다. 어리석게 들리겠지만 이런 생각 때문에 아버지가 지녔던 삶의 목적을 내 것으로 받아들이기도 했다. 아버지의 꿈은 의학계에 매진하면서 사람들을 돕는 것이었는데, 나는 내가 그 자리를 대신함으로써 아버지의 죽음이라는 실존적인 비극을 되돌릴 수 있다고 생각했다. 수십 년이 지난 뒤, 나는 어머니 집의 다락방에 남아 있던 아버지의 진료 기록을 훑어보면서 아버지와 내가 얼마나 다른지 깨달았다.

아버지는 인간의 섬세하고 복잡한 부분, 그리고 그것이 잘못되는 것까지 사랑할 수 있는 마음을 타고난 분이었지만 나는 그렇지 않았다. 나는 속 깊은 대화와 야구 카드, 시 쓰기를 좋아했는데 아버지는 그런 것에는 전혀 관심이 없었다.

의사라는 직업은 아버지의 목적의식과 완전히 맞아떨어졌고, 아버지는 다른 사람들을 돕는 삶이라는 인생의 목적을 이루고자 매 순간 기꺼이 노력했다. 당연한 얘기지만 힘든 상황이 닥쳐도 타인에 대한 깊은 관심과 사랑이 아버지를 지탱해주었다. 아버지의 죽음이라는 중대한 비극을 극복하려고 애쓰는 동안 나도 다른 이들을 돕는다는 궁극적인 목적은 칭찬할 만하다고 생각했다. 하지만 나라는 사람은 그 목적을 달성하는 데 필요한 일상적인 활동에 부적합한 사람이었다.

내 말을 오해하지는 않았으면 좋겠다. 난 이런 불편한 기분을 극복하고 결국 원래 계획대로 아버지의 길을 따라 걸었다. 그러는 동안 발꿈치에 생긴 물집은 결코 사라지지 않았다. 상처는 계속해서 생겼고 굳은살이 박히지도 않았다. 계속 곪고 피가 나더니 결국에는 그 고통이 참을 수 없는 지경까지 이르렀다.

한마디로 나는 그런 일을 할 수 있는 사람이 아니었다. 그런데 왜 계속 그 일을 하려고 했을까?

혹시 당신도 이런 상황에 처해본 적이 있는가? 다른 사람의 꿈을 대신 이루려고 발버둥치다가 그게 자신의 가치나 능력치에 영 맞지 않는다는 사실을 깨달은 적 말이다. 자신의 여정을 즐기기는커녕 그 길이 너무 싫어서 어떻게든 목적지에 도달하기만을 바랐던 적은? 현재 이런 상황에 처해 있다면, 당신도 과거의 나처럼 번아웃을 향해 느릿느릿 나아가고 있는 중이다. 그리고 지금 되고자 애쓰는 그런 사람이 되더라도 절대 행복해지지는 못할 것이다. 나의 경우에는 분명히 그랬다!

그 길에 처음 접어들었을 때뿐만 아니라 의학의 길을 계속 걷는 동안에도 나는 늘 뭔가 잘못되었다는 느낌을 받았다. 의대 동기들과는 이름 뒤에 '의학박사'라는 칭호를 붙이고 싶다는 얘기를 하기도 했지만 다른 사람들 앞에서는 절대 그런 이야기를 하지 않았다. 내가 장차 무슨 일을 하면서 살아갈 계획인지 말하는 게 그냥 부끄러웠다. 뭐라 설명할 수 없는 수치심이 들었다.

병원에서 의사로 일하기 시작한 뒤로는 그 수치심이 더 커졌다. 친구들과 학교 동기들은 본인의 직업을 자랑스러워했지만 나는 아니었다. 나는 남몰래 유명한 작가가 되고 싶다는 꿈을 품었다. 직장에서 벗어나 블로그에 글을 쓰거나 다른 창작 프로젝트에 몰두하는 몇 분의 시간이 하루 중 가장 즐거운 순간이었다.

문제는 글쓰기가 내 인생에서 정말 소중한 일이라거나 그걸로 생계를 유지할 수 있다고 생각해본 적이 없었다는 것이다. 오직 사람들을 돕는 의사가 되는 것, 그것만이 정말 '의미 있는 목적'이라고 생각했다. 당시 나는 오늘날 많은 사람이 저지를 법한 실수를 저질렀다. 바로 목적이 클수록 그걸 추구하는 과정 또한 만족스러우리라고 여긴 것이다.

지금 당신에게 말하고 싶은 결론, 즉 **목적은 크다고 해서 더 좋은 게 아니라**는 결론에 도달하기까지 정말 오랜 시간이 걸렸다. 그리고 그 과정에서 나는 상당한 감정적 고통을 겪었다.

우리는 왜 '원대한 목적'에 빠져드는가

지금부터는 목적을 두 개의 독립체로 구분해서 이야기하겠다. 이 장의 나머지 부분에서 우리가 목적에 대해 느끼는 불안 대부분이 '큰 목적'이라고 부르는 것에서 비롯된다는 사실이 드러날 것이다. 이는 내가 의사가 되고 싶다는 열망을 품은 이유뿐만 아니라 실리아가 어머니를 대신해 자선 단체를 운영할 수 있다는 확신을 품고, 리키가 법률 분야에서 중요한 성과를 올리면 행복을 찾을 수 있을 거라고 믿은 것과 같은 종류의 목적이다. 큰 목적은 지나치게 결과에 집중한다.

반면 '작은 목적'은 연구를 통해 입증된 건강과 장수에 대한 놀라운 효과를 만들어내는 장본인이다. 이것은 목적지나 결과가 아닌 경로 또는 과정에 초점을 맞춘다. 그래서 겉으로 보이는 화려함이 부족하고 심지어 전혀 매력적이지 않다고 여겨지기도 한다. 그리고 대부분의 사람은 보다 실질적이라고 생각되는 일을 하기 위해 어떻게든 이 작은 목적을 피하려고 한다. 대체 왜 그러는 걸까?

두 가지 유형의 목적을 정의하는 요소들을 세부적으로 살펴보기 전에 왜 우리에게 큰 목적을 추구하고 작은 목적은 회피하려는 경향이 있는지, 그 이유를 제시해보려 한다. 우리는 왜 이런 오류에 빠지는 걸까?

우리는 모두 스티브 잡스가 되고 싶어 한다

미국에서는 개성을 무척 중시한다. 이런 가치관은 개척 시대의 강인한 개인주의에서 비롯됐을 가능성이 높다. 미국 문화권에서는 악착같이 개인주의를 유지해야 하며 자신의 독창성 외에는 그 무엇에도 의지하면 안 된다는 생각이 지배적이다. 이런 정신은 부가 증가하고 주변 환경이 인정되고 사회적 지원이 증가한 오늘날에도 계속 이어지고 있다.

그래서 우리는 늘 특별함에 포커스를 맞춘다. 인간은 모두 특별한 존재이고 이런 특별함이 삶의 중요한 부분에서 우리를 차별화할 것이라 생각한다. 하지만 오늘날 '특별하다'는 표현이 실제로 의미하는 바는 '성공'에 가깝다. 남들과 '다르기를' 바란다기보다 '더 나은 사람이 되기를' 바라는 것이다. 더 좋은 물건을 소유하고 더 많은 부를 축적하고 더 젊은 나이에 성공하는 것. 안타깝게도 이것이 요즘 이야기하는 특별함의 의미다.

스티브 잡스처럼 차세대 기술의 선구자가 되기를 꿈꾸는 이들이 무척 많다. 그러나 그는 특별하지 않았다. 단지 남들보다 뛰어났을 뿐이다. 마이클 조던이 농구 코트를 지배하는 꿈을 꾼 것은 특별한 일이 아니다(전 세계 수백만 명의 아이들이 그런 꿈을 꾼다). 그는 단지 남들보다 뛰어났을 뿐이다. 오프라 윈프리가 세계에서 가장 성공한 미디어 제국을 건설한 것도 특별한 일이 아니다. 그냥 남들보다 더 잘해낸 것뿐이다.

우리는 단순히 남들과 달라지는 게 아닌 특별해지기를 갈망한다. 이런 예외주의exceptionalism(특정 국가, 집단, 사회, 개인을 '특별하다'고 여기며 기존의 규범이나 관습을 따르지 않아도 된다고 믿는 사상—옮긴이)는 오늘날 서구, 특히 미국 문화권에 깊이 뿌리내려서 정신을 비롯한 삶의 모든 측면에 스며들어 있다.

한마디로 모 아니면 도인 것이다.

이는 목적에 있어서도 다르지 않다. 큰 목적을 가질 수 있는데 뭐 하러 작은 목적을 노리겠는가. 우리는 어릴 때부터 일을 하려면 제대로 해야 하고 그렇지 않으면 시도할 가치조차 없다고 배운다. 하지만 최종 결과가 다른 사람들 생각과 다르더라도 그 일을 좋아한다면 어떻게 해야 할까?

꿈꿀 수 있다면 무엇이든 이룰 수 있다?

"꿈꾸는 일은 무엇이든 이룰 수 있다." 월트 디즈니가 한 말로 잘못 알려진 이 명언은 현대 미국 사회의 정신을 잘 보여준다. 큰일을 이루고 싶다면 큰 꿈을 꾸기만 하면 된다. 그렇지 않은가?

마이클 조던처럼 되고 싶다고 꿈꾸면서도 정작 그렇게 되는 데 필요한 기술과 능력, 유전적 특성(예를 들면 키)이 전혀 없는 사람들이 많다. 아무리 발명가나 사업가가 되고 싶어도 지적 능력이 부족할 수 있다. 그리고 최초의 시간 여행자가 되는 게 꿈이라면 지금으로서는 그 소원이 이루어지지 않을 것 같다.

이런 메시지의 문제점은 도전적인 과제에 얽힌 크고 대담한 꿈만 지나치게 중시하고 실제로 그 사람의 성격에 무엇이 맞는지는 신중하게 고려하지 않는다는 것이다. 모든 사람이 매번 타석에서 홈런을 칠 수는 없으며 그럴 필요도 없다. 그리고 더 중요한 건, 그런 크고 대담한 목적을 가진 이들은 대부분 실패할 가능성이 크다는 것이다. 모든 사람이 거대한 목적을 가질 필요는 없다.

앞서 언급한 인용구는 셰럴린 실버스타인Sheralyn Silverstein이라는 인물이 만든 광고 슬로건이다. 그녀는 광고회사의 카피라이터로서 제너럴 일렉트릭General Electric, GE의 인재 채용 캠페인을 위해 이 문구를 작성했다. 이 문구는 보다 많은 학생이 수학과 과학에 열정을 품도록 유도해 훗날 GE가 채용할 인재를 늘리기 위한 것이었다.[16] 실버스타인은 아이들에게 우주비행사나 신경외과 의사가 되라고 권하지 않았다. 그녀가 전한 메시지는 훨씬 평범했다. 엔지니어가 되어 회사의 수익 증대에 기여해달라는 것이었다.

이력서가 곧 내가 될 때

우리는 자신을 정의할 때 열정보다 성취를 이용하곤 한다. 그리고 좋아하는 것보다 잘하는 것에 더 집착하는 경향이 있다.

이 가설을 쉽게 검증할 수 있는 방법이 있다. 파티에서 만난 낯선 이에게 본인이 어떤 사람인지 설명해달라고 요청하는 것이다. 상대방이 자기 직업이나 수상 경력, 학력, 기술 등을 얼마나 언급하는지, 또 열정이나 대인관계, 성격적 특성을 얼마나 강조하는지 한번 살펴보자. 그런 다음 온라인에서 그들의 이력서를 검색해보자. 장담하건대 이력서의 처음 몇 문단만 읽어봐도 그들이 얘기한 내용 대부분을 찾을 수 있을 것이다. 크고 인상적인 성과를 거둔 사람일수록 그 내용이 이력서와 대화에서 더 큰 비중을 차지한다.

그런데 구인구직 사이트인 지피아_Zippia_의 조사에 따르면, 놀랍게도 구직자 중 최소 30퍼센트는 이력서에 거짓된 내용을 쓰거나 최소한 '진실을 왜곡'한 적이 있다고 한다.[17] 우리가 업무와 관련된 가장 중요한 핵심 사항과 자신을 일체화할 뿐 아니라 그 과정에서 거짓말을 하는 경우도 많다는 얘기다. 이 데이터는 자신의 부정행위를 자발적으로 인정한 사람들에게서만 수집했다는 사실을 고려하면, 실제 수치는 보고서에 나온 것보다 훨씬 높을 것으로 보인다.

우리가 이력서에 거짓말을 하는 이유는 실제보다 더 중요하고

질문: 이력서에 거짓말을 쓴 적이 있는가?

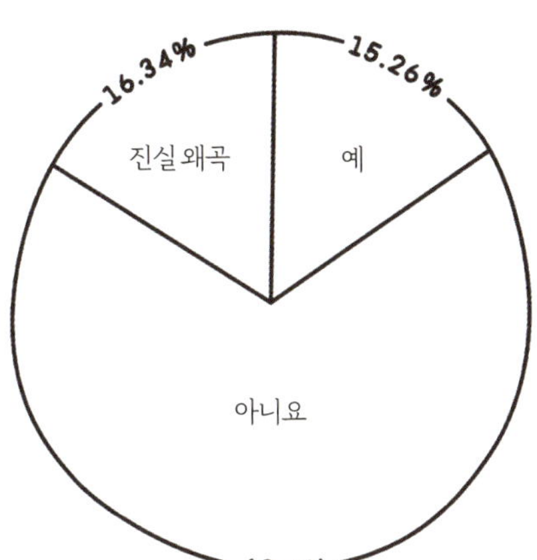

인상적인 인물로 '비춰지기'를 원하기 때문이다. 우리는 자신이 큰 목적을 추구하며 그만한 업적도 있음을 세상에 끊임없이 증명하고 싶어 한다.

지금의 두려움과 걱정은
실재하는 것인가, 스스로 만든 것인가

살펴봤다시피 우리는 큰 목적에 에너지를 쏟아부어야 한다는 압박을 안팎에서 끊임없이 받는다. 그리고 이런 압박 때문에 결국 기쁨보다 불안감이 더 커지게 된다. 실제로 나는 임종을 앞둔 환자들이 크고 대담한 목적에 너무 많은 시간을 허비하는 바람에 행복이나 이미 가진 것을 제대로 누리지 못했다고 후회하는 모습을 자주 보았다.

토비는 미국 상원의원이 되겠다는 꿈을 품었지만 선거 자금도 부족했고 지지율도 낮았다. 그는 루게릭병으로 죽어가면서 지역 교육위원회에 출마하지 않은 것을 한탄했다. 그 자리가 당선될 가능성이 훨씬 높았을 것이고 충분히 만족스러웠을 것이다.

샤넬은 리얼리티 프로그램 〈샤크 탱크〉Shark Tank에 출연해 본인이 만든 디자이너 메이크업 라인에 대한 투자를 유치하는 데 거의 성공할 뻔했지만 마지막 라운드에서 탈락했다. 그 뒤 잇따른 좌절에 시달리면서 겨우 생계를 유지할 정도의 돈만 간신히 벌었다. 하지만 다발성 경화증으로 병상에 눕게 되자 자신이 정말 기뻤던 순간은 회의실에서 투자자들을 만날 때가 아니라 고객과 함께 보낸 시간이었다는 걸 깨달았다. 샤넬은 자신감이 부족한 여성들이 본인의 외모에 자신감을 갖도록 도와주는 일을 했는데, 소중한 시간을 그런 일에 더 많이 쏟았다면 좋았을 거라고 이야기했다.

이런 사례나 실리아와 리키의 사례를 본보기로 삼으면 큰 목적을 정의하는 특징이 무엇인지 감을 잡을 수 있다. 큰 목적이 가진 무엇보다 중요한 특징은 과정을 중시하지 않고 목표 그 자체에만 집중한다는 것이다. 원하는 목표가 노숙자 쉼터를 10개 더 짓는 것이든 아니면 TV 스타들에게 벤처 캐피털 투자를 받는 것이든, 큰 목적을 가지면 언제나 결과는 모 아니면 도다. 성공하거나 실패하거나 둘 중 하나다. 일리노이주에서 가장 높은 매출을 올리는 최대 규모의 로펌이 되거나 그렇지 않거나 둘 중 하나뿐인 것이다.

당연히 목적이 거창하고 목표가 클수록 실패하기 쉽다. 이런 목표는 운과 타이밍, 좋은 유전자가 최고의 조합을 이룰 때만 달성 가능하기 때문이다. 적절한 능력을 갖춘 사람이, 적절한 시기에, 적절한 장소에 있어야만 목표를 이룰 수 있다. 하지만 안타깝게도 평범한 사람들에게 이 모든 조건이 완벽하게 맞아떨어지는 일은 극히 드물다.

게다가 목표가 목적을 규정할 때 생기는 불안감 때문에 목적을 추구하는 과정에서 느낄 수 있는 기쁨도 사라진다. 또한 목표가 크면 클수록 과정은 아무 가치도 없다고 정의해버리기 쉽다. 실은 여러 가지 이유로 그 반대일지도 모르는데 말이다.

우리는 암을 치료하거나, 억만장자가 되거나, 메가 히트 상품을 만들지 못할 가능성이 높다. 그래도 괜찮다. 좋든 싫든 우리들 대부분은 실패할 수밖에 없다. 토비도 그랬고 샤넬도 그랬다.

제1장에서 얘기했듯이 목표 지향적인 큰 목적의 또 다른 문제점은 달성했을 때의 만족감이 오래가지 않는다는 것이다. 과정을 중시한다면 노숙자들에게 직접 음식을 나눠주던 실리아처럼 몇 년 동안이나 즐거울 수 있다. 하지만 목표만 중요시하면 중요한 업적을 이루었을 때 드는 신선한 기분은 딱 한 번 느낄 수 있다. 그리고 일단 목표를 이루고 나면, 무언가를 얻었다는 흥분이 그것을 잃을까 봐 두려워하는 끝없는 걱정으로 바뀌어버린다. 토비가 결국 상원의원에 당선되었다고 치자. 이제 다 끝난 걸까? 그렇지 않다. 다음 선거에서 다른 사람에게 자리를 빼앗길 가능성은 얼마든지 있다.

이런 단점 때문에 큰 목적을 세우는 사람은 사실상 결핍된 사고 방식을 갖게 된다. 우선 성공을 좁은 시야로 바라보게 된다. 그러다 보면 삶의 다른 부분들을 희생시켜가며 성공에 이르는 일도 종종 생긴다. 어느 지역이든 가장 성공한 로펌은 하나뿐이다. 〈샤크 탱크〉에서 투자를 받을 수 있는 지원자 수는 제한되어 있다.

이렇듯 큰 목적은 그 이름과 달리 상당히 그릇이 작다.

작은 목적은 결코 실패하지 않는다

지금까지 나는 추구하기에 부적절하다고 생각하는 목적의 예시들을 더 많이 이야기했다. 이제부터 설명할 **작은 p 목적**을 보여주는 사례는 이 책의 시작 부분에 등장한 야구 카드를 팔아서 세상을 바꾼 골동품 상인 로만의 사례뿐이다.

이는 처음부터 의도했던 바다. 유해한 목적은 훨씬 쉽게 공감할 수 있고, 그걸 추구하겠다고 결심하기도 쉽다. 사회의 기대에 부응하면서 앞서간 이들의 발자취를 따르기만 하면 되니까 말이다. 반면 자신에게 진정한 기쁨을 안겨주고 정말 충만한 삶의 기반이 될 수 있는 목적을 찾기 위해 내면의 노력을 기울이는

작은 p 목적은 결코 실패하지 않는 과정 지향적인 목적이며 건강과 장수, 행복과 관련이 있다.

건 훨씬 더 어려운 일이다. 만약 그런 목적을 발견했다면 그다음에는 세상 속에서 그걸 추구할 방법을 찾아야 한다. 그 과정에서 많은 노력이 필요하겠지만 결국 노력할 가치가 있었음이 증명될 것이다.

그 방법은 제3장에서 자세히 살펴보기로 하고, 여기서는 먼저 작은 p 목적이 무엇인지 확실하게 이해하고 넘어가도록 하자.

작은 p 목적(이하 '작은 목적'―편집자)은 풍요로운 정신을 받아들인다. 우리 모두에게는 내면의 기쁨과 행복을 가져다주는 목적을 추구할 수 있는 각자의 공간이 있다. 이런 목적 추구는 다른 사람의 성공 여부에 의존하지 않는다. 또한 다른 사람들이 다 써버린 자원의 제한을 받지도 않는다.

작은 목적은 개개인에게 초점을 맞춘다. 당신과 동일한 목적의식을 지닌 사람도 많겠지만 그 목적을 어떻게 달성할지, 또 어떤 활동을 선택할지는 전적으로 당신에게 달려 있다. 바로 그런 점에서 작은 목적은 진정한 의미에서 특별하다. 실리아는 노숙자 쉼터에서 직접 활동하면서 작은 목적을 추구했다. 실리아의 어머니 마리는 이사회 회의에 참석하고 기부자들과 함께 차를 마시면서 같은 기쁨을 느꼈다. 두 사람 모두 자신의 목적을 추구할 수 있는 자신만의 공간이 있었다. 이게 바로 작은 목적이 가지는 풍요로움이다.

작은 목적은 목표를 정하고 달성하는 기쁨을 부정하거나 훼손하지 않는다. 단지 목표에 '의존'하지 않을 뿐이다.

이런 유형의 목적은 결과보다 과정에 훨씬 더 중점을 둔다. 작은 목적의 이점을 누리는 사람은 결과에 관계없이 지금 하는 활동을 즐기기 때문에 즉시 이득을 얻는다. 로만은 야구 카드를 판매하고 커뮤니티를 구축하는 데 성공했다. 그 일 자체가 로만에게 활력을 안겨줬기 때문이다. 사업을 성공적으로 운영하면서 얻은 부수적인 효과는 행복한 우연이었을 뿐이다. 야구 카드 판매로 충분한 돈을 벌지 못했더라도 그는 여전히 카드를 팔았을 테고, 애초에 주요 수입원은 골동품이었다.

큰 목적이 아니라 작은 목적에 집중하면 우연이나 타인에게 휘둘리지 않고 모든 것을 본인이 통제할 수 있다. 역사적인 인물을 조사하는 걸 좋아해서 억만장자에 관한 책을 골라 즐겁게 읽었다면 그 책은 내가 억만장자가 되는 데 도움이 되든 안 되든 상관없이 시간을 투자할 가치가 충분하다.

자기 삶을 어떤 활동으로 채울지는 본인이 선택할 수 있지만 그 결과는 선택할 수 없다. **따라서 작은 목적은 모 아니면 도가 결코 아니다. 오히려 어떻게 던져도 모가 나온다고 할 수 있다. 여기에 실패란 없다.**

또한 작은 목적은 '점진적인 변화'라는 개념을 적극적으로 받아들인다. 우리는 목표를 세우고 때로는 목표를 초과 달성하기를 즐긴다. 그런 의미에서 작은 목적을 가지는 것이야말로 '점진적인 성과'를 달성하는 최고의 방법이라 할 수 있다. 샤넬은 남들을 돕는 데서 즐거움을 느끼는 성향을 이용해 커뮤니티에서 더 많은 이에게 다가갈 수도 있었다. 〈샤크 탱크〉에 출연하기보다는 그 시간과 에너지를 고객 기반을 구축하고 그들의 지지를 얻어내는 데 쏟을 수도 있었다. 샤넬로서는 이 과정이 훨씬 더 만족스러웠을 것이다.

마지막으로, 작은 목적은 사람뿐 아니라 그들이 의미 있다고 생각하는 모든 것이 변할 수 있다는 사실을 받아들인다. 달성하기까지 수년 혹은 수십 년이 걸리는 거대하고 대담한 목적과 다르게, 작고 개인적인 목적은 결과와 관계없이 즐길 수 있는 지속적인 프로젝트다. 어떤 활동이나 목적이 더 이상 자신에게 맞지 않는다고 느껴지면 쉽게 다른 목적으로 바꿀 수 있다. 그런다고 해서 시간과 에너지, 돈을 낭비한 것이냐 하면 그렇지 않다. 물론 시간과 에너지, 돈을 전혀 사용하지 않았다는 뜻은 아니다. 분명히 사용했다. 하지만 그 과정에서 즐거운 일을 했다.

그게 당신의 목적이었고 당신은 그 목적을 따랐다. 그리고 그에 따른 혜택을 누렸다.

5년 뒤 어떤 위치에 있고 싶은지에 집중하기보다 '지금' 어떤 경험을 하고 싶은지, 어떤 프로젝트에 참여하고 싶은지, 월요일 아침에 무엇을 하고 싶은지 곰곰이 생각해본다면 어떨까? 이렇게 초점을 바꾸면 지금 이 순간에 집중할 수 있다.

작은 목적에 집중했을 때 얻는 궁극적인 결과는 죽을 때 후회가 줄어든다는 것이다. '에너지나 용기, 재능이 부족해서 도전하거나 추구하지 못했던 일을 이루었더라면' 하고 후회하는 대신 자신에게 기쁨을 주고 의미를 안겨준 많은 일상 활동을 떠올릴 수 있다. 제1장에 나왔던 카를로스를 기억하는가? 그는 호스피스 간호사들과 그림 그리는 즐거움에 관한 진지한 대화를 나누곤 했다. 그의 작품이 메트로폴리탄 미술관에 전시되거나 경매에서 수백만 달러에 팔리는 일은 없었고 아마 앞으로도 없을 것이다. 하지만 카를로스는 자신이 매우 의미 있는 일을 하며 대부분의 시간을 보냈다는 사실을 임종 직전까지 기뻐할 수 있었다.

목적이 당신을 정의하게 두지 말고 당신이 목적을 정의하라

당신 내면의 회의론자는 틀림없이 내게 의문을 제기할 것이다. 작은 목적을 추구하면 온갖 좋은 결과가 생기고 큰 목적을 추구하면 불안감만 느끼게 된다는 걸 어떻게 확신하느냐고 물을지 모른다. 당신을 탓할 생각은 없다. 분명히 나도 그랬을 테니까. 안타깝게도 이에 대한 과학적 증거는 아직 없다. 언젠가는 증거가 나올지도 모르지만 그동안에는 상식에 의존해야 한다. 사실 겉으로 드러내지 않을 뿐, 우리는 지금도 목적의 어떤 부분이 스트레스를 주는지 직관적으로 알고 있다.

또한 우리에게는 경험이라는 또 다른 자원이 있다. 다른 누구도 아닌 바로 내가 오랫동안 큰 목적을 추구해온 당사자다. 나는 재정적 자유를 얻은 뒤로 목적을 완전히 다른 시각으로 바라볼 수 있었는데, 그렇게 해서 찾은 것이 바로 작은 목적이다. 이제부터 내가 어떻게 이 지점에 이르게 되었는지 한번 이야기해보도록 하겠다.

앞서 얘기했듯이 나는 서른다섯 살까지 의사가 되겠다는 목표를 중심으로 삶의 목적을 키워왔다. 이건 아버지가 돌아가신 일곱 살 무렵부터 품은 크고 대담한 꿈이었다. 내가 이런 목적을 갖게 된 이유는 무엇일까? 어릴 때 병원에서 인생이 바뀔 만한 경험을 했거나, 과학에 관심이 많았거나, 사람들을 도와야 한다는 절박한 필요성을 느꼈기 때문일까? 전부 아니다. 의사가 되겠다고 결심한 이유는 오직 돌아가신 아버지가 의사였기 때문이다. 아버지의 갑작스러운 죽음과 뒤에 남은 환자들의 불행을 해결하려면 내가 의사가 되어야 한다고, 어린 나는 그렇게 믿었다.

나는 그렇게 목적의 첫 번째 원칙을 어기고 다른 사람, 즉 아버지의 목적을 차용했다. 그 여정에 즐거운 점이 전혀 없지는 않았다. 난 학업 생활을 진심으로 즐겼고 타인을 도울 수 있는 환경에서 일을 잘해냈다. 인간의 본성에 대한 통찰을 얻었고 적어도 처음에는 사람들의 삶을 바꾸는 일을 하고 있다고 느꼈다.

하지만 그 기쁨은 오래가지 못했다. 의사라는 직업이 주는 스트레스가 심해지면서 끊임없이 극심한 번아웃에 시달렸다. 나는 지쳐 있었지만 내가 만들어낸 삶에서 벗어날 방법을 몰랐다. 이런 감정은 갑자기 덮쳐온 게 아니라 수년간 서서히 커진 것이었다. 그래서 진료를 보지 않을 때 짬짬이 시간을 내서 할 수 있는 다른 관심사를 찾았다. 그렇게 나는 점심시간마다 혹은 아내와 아이들이 잠든 뒤에 틈을 내 글을 쓰거나 대중 연설을 준비했다.

이런 괴리감은 의사로 일한 초기부터 시작되었다. 의대 시절에는 친구가 거의 없었고 낯선 사람들에게 내 직업을 알리기를 꺼렸다. 동료들이 자랑스럽게 내세우는 직함에 자부심보다는 수치심이 더 컸기에 의사라는 직업을 밝힐 생각이 전혀 없었다.

돌이켜보면 당시 나는 큰 목적이라는 함정에 빠져 아버지의 목적에 따라 살아가고 있었다. 사람들을 돕겠다는 원대하고 야심찬 목적을 좇았지만(사실 너무 거창해서 도저히 이룰 가능성이 없었다)

목적에 맞는 목표를 달성하는 과정에서 더 이상 충족감을 느끼지 못했다. 매일 출근하는 것도 싫었고 일하는 과정에서 즐거움을 거의 느끼지 못했다.

재정적인 독립을 이룬 뒤부터는 돈벌이를 내 삶의 목적으로 삼으려고 노력했다. 사람들을 돕는다는 뜻을 버리고 큰돈을 벌겠다는 새로운 목표를 세우면 의사로서 일하는 게 조금 더 즐거워지리라 생각했다. 하지만 이런 시도로도 행복을 느끼지는 못했다. 오히려 정반대였다. 나는 심각한 우울증에 빠져 공황 발작을 일으키기 시작했다. 당시에는 하고 싶은 일은 뭐든지 할 수 있을 만큼 돈이 충분했지만 돈으로는 영혼의 공허함을 채울 수 없었다. 의사가 되어 세상을 바꾸겠다는 오래된 꿈도 마찬가지였다.

결국 행복해지는 법을 배우려면 처음부터 다시 시작해서 내 영혼을 채워줄 무언가에 집중하는 삶을 살아야 한다는 사실을 깨달았다. 평생 무시해왔던 어떤 느낌, 어떤 소명이 있다는 것을 깨달았다. 난 작가가 되어 내밀한 생각을 발표하고 깊고 의미 있는 대화를 나누는 삶을 꿈꾸었다. 그 꿈은 최종적인 목표나 성취를 생각하지 않은, 오직 실천하는 기쁨에 깊이 몰입한 꿈이었다.

재정적 자립이라는 축복을 누리게 된 나는 서서히 꿈꾸던 삶을 구축하고 통합하기 시작했다. 블로그 활동을 하고, 팟캐스트를 진행하고, 결국 그 내용을 기반으로 책도 썼다. 이런 일을 하는 동안에는 전에 느끼지 못했던 평온함을 느꼈다. 물론 모두가 내 팟캐스트를 듣고 내 책을 읽어주기를 바란 적도 있다. 하지만 이제는 더 이상 그런 것에 내 행복이 달려 있지 않다.

점진적으로 개선하고 싶다는 갈망이 생기면 내가 어느 정도 통제할 수 있는 목표를 정했다. 예를 들어 내 팟캐스트를 다운로드하는 청취자 수를 매달 10만 명씩 늘릴 수는 없지만 지금보다 더 괜찮은 인터뷰어가 되는 방법은 얼마든지 공부할 수 있다.

이런 변화가 날 완전히 바꿔놓았다. 목적은 고정불변하는 게 아니므로 나를 거기에 맞출 필요가 없다는 것, 내가 시간을 보내고 싶은 방식과 관련된 내면의 비전에서 자연스럽게 목적이 생겨날 수도 있다는 사실을 깨달았다.

목적이 당신을 정의하는 것보다 당신이 목적을 정의하는 편이

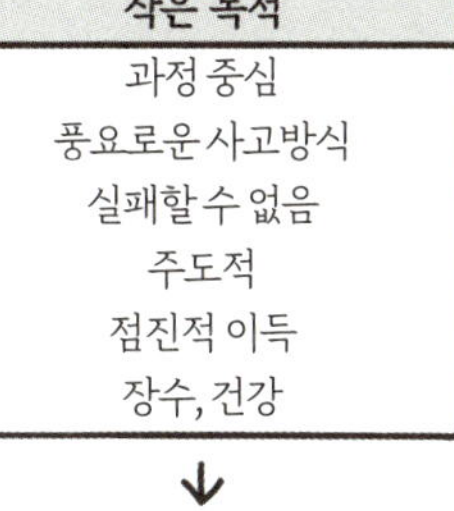

더 낫다고 생각하지 않는가?

난 두 가지 모두 시도해봤는데, 매력으로만 따지만 전자가 훨씬 매력적이라고 생각한다. 아마 당신도 그럴 것이다. 그러므로 가장 먼저 해야 할 일은 자신이 큰 목적의 '피해자'일지도 모른다는 사실을 인식하는 것이다. 그러면 해결책은 아주 명확해진다. 피해 의식을 버리고 이를 대체할 작은 목적을 만들어가자.

"대체 작은 목적은 어떻게 찾을 수 있는가?"라고 물을지도 모르겠다. 이 중요한 주제는 다음 장에서 살펴보자.

인생의 변화를 위한 목적 처방전: 목적 점검하기

- 다음 주에 한 시간씩 두 번, 따로 일정을 비워두자. 가능하면 전자 기기를 전부 끄거나 휴대전화를 무음으로 설정해두고 방해받지 않을 조용한 장소를 찾아보자.
- 스마트폰을 다시 켜고 달력 앱을 열어 지난주에 있었던 활동들을 집중적으로 살펴본다. 종이 달력이나 다른 형태의 달력을 쓰는 경우 그걸 꺼내서 살펴보면 된다.
- 지난 일주일 동안 했던 모든 일들의 목적을 설명하는 광범위한 범주를 지정한다(예: 취미, 생계 유지(일), 가족과의 시간). 개수를 5~6개로 제한하자. 하나의 활동이 여러 범주에 속해도 괜찮다.
- 이 장에서 정한 기준을 사용해 각각의 활동을 큰 목적 활동 또는 작은 목적 활동과 연결할 수 있는지 확인해보자. 목표 지향적인 활동과 과정을

즐기는 활동의 차이점을 생각해보자. 이 활동은 풍요로운 사고방식에 따라 이루어지는가, 아니면 결핍된 사고방식에 따라 이루어지는가? 실패할 가능성이 있는가? 목표를 달성하지 못하더라도 이 활동에 참여한 걸 다행이라고 생각하는가?

- 심호흡을 한다. 이 작업은 쉽지도 않고 명확한 결론이 있는 것도 아니다. 때로는 활동을 깔끔하게 분류하기 어려울 수도 있다. 작업을 마친 다음, 큰 목적과 작은 목적에 얼마나 많은 시간을 할애했는지 표로 정리해보자. 균형이 어느 한쪽으로 치우쳐 있는가? 표를 보고 놀랐는가?

- 이 연습이 불편하게 느껴져도 괜찮다. 애초에 이 연습의 목적이 당신이 시간을 보내는 방식에 의문을 품게 하는 데 있기 때문이다. 이번 주의 모습이 당신이 지난 1년, 혹은 10년 동안 살아온 전형적인 모습인가? 이 질문에 답하면서 자신의 삶에 작은 목적이 생각보다 부족하다는 것을 깨달았다면 더 열심히 노력할 준비를 하자. 제3장에서는 보다 만족스럽고 충만한 삶을 살려면 현재의 균형을 어떻게 바꿔야 하는지에 대해 이야기할 것이다.

제3장

인생에서 불필요한 것은 거르고 중요한 것만 고르라

1938년 12월, 자기중심적인 주식 중개인 니콜라스 윈턴Nicholas Winton은 평소와 다르게 자신의 인생 궤적뿐 아니라 다른 많은 사람의 인생 궤적까지 바꿔놓을 중요한 행동을 했다. 평소 같으면 절대 수락하지 않았을 부탁을 받아들인 것이다(훗날 이를 '스파게티 기법'이라고 부르게 된다). 친구의 간청을 받은 윈턴은 충동적으로 스위스 스키 여행을 취소하고 체코슬로바키아(당시 독일에 합병된 직후였다) 난민을 돕기 위해 프라하행 항공편을 예약했다.

그 후 한 달 동안 윈턴은 전쟁으로 폐허가 된 지역에서 보호자 없이 지내고 있는 유대인 아이들이 독일군에게 생포되기 전 안전한 곳으로 이송하는 프로그램을 만들기 위해 목숨을 걸고 노력했다. 그는 제2차 세계대전이 발발하기 전 9개월 동안 669명의 어린이를 체코슬로바키아에서 영국으로 보내는 데 도움을 주었다.

많은 사람이 그렇듯이 윈턴도 거창한 계획을 세우지 않은 상태에서 자신의 목적을 발견했다. 그에게는 세상을 바꾸거나 명성을 얻겠다는 의도 같은 건 없었다. 그는 나중에 이렇게 회상했다. "70년 전에 내가 한 일이 이렇게 큰 영향을 미칠 줄은 상상도 못했습니다. 내가 구한 모든 아이는 그저 세상에서 내가 존재하는 이유일 뿐, 영광스러운 칭호 같은 게 아닙니다."

전쟁이 끝난 뒤 윈턴은 은행원으로 일하며 다양한 자선단체 활동에 참여하면서 삶의 목적을 만들어나갔다. 윈턴의 노력은 50년 뒤인 1988년에야 세상에 알려졌다. 만일 그의 아내가 다락방에서 윈턴의 업적을 자세히 기록한 스크랩북을 발견하지 않았더라면 그대로 잊혀졌을 것이다.[18] 타인을 위한 그의 헌신은 오랜 세월이 지난 뒤에야 인정받았고, 그는 결국 기사 작위를 비롯해 수많은 상과 영예를 얻었다.

이렇게 윈턴처럼 예상치 못한 방식으로 우연히 목적을 발견하는 행운아들도 간혹 있다. 하지만 당신이 그렇지 않다고 해서 너무 괴로워할 필요는 없다. 당신이나 나처럼 평범한 사람들도 이런 중요한 목적을 찾아내 윈턴처럼 충만한 삶을 살 수 있다는 사실이 밝혀졌으니까 말이다.

일례로 사라는 내가 쓴 《테이킹 스톡》Taking Stock 을 읽고 좌절감을 느꼈다며 내게 편지를 보냈다. 그는 보다 의미 있고 행복한 삶을 살려면 목적을 추구해야 한다는 데는 전적으로 동의하지만 여전히 늪에 빠져 있는 기분이라고 했다. 내가 금융 업계에서 만났던 많은 사람이 그랬듯 사라도 돈 문제를 해결해나갈수록 더 큰 불안을 느꼈다. 오히려 돈 걱정을 하는 게 훨씬 마음이 편했다. 부를 축적하는 건 책을 읽거나 인터넷 검색을 하거나 팟캐스트를 들으면서 답을 찾을 수 있는 한정적인 문제였기 때문이다.

하지만 목적은 무한하며 답이 없는 문제처럼 느껴졌다. 이는 곧 실패할 가능성이 매우 높다는 뜻이다. 실패할 방법도 너무 많았다. 사라는 몇 달 동안 우울감이 스며드는 것을 느꼈다. 그래서 이를 막으려고 어려운 질문에 대한 답이 필요할 때면 자주 하던 일을 했다. 인스타그램에 접속해 친구나 좋아하는 인플루언서들의 게시물을 훑어보는 것이었다. 목적을 찾아야만 한다면 틀림없이 거기서 찾을 수 있을 것이다. 아니면 틱톡에서?

하지만 SNS를 볼수록 사라는 그 어느 때보다 깊은 좌절감에 휩싸였다. 온라인몰에서 장신구를 판매해 엄청난 성공을 거둔 대학 시절 룸메이트는 처음으로 1만 달러가 넘는 월매출을 올렸다는 소식을 SNS로 전했다. 사라는 동네 공예품 가게에 가서 비즈를 잔뜩 샀지만 며칠 만에 흥미를 잃었다. 사라가 가장 좋아하는 인플루언서 한 명은 이탈리아에서 호화로운 여행을 즐기는 사진을 올렸다. 그걸 보고 자기도 여행을 가야겠다는 생각이 든 사라는 장기 여행이나 여유로운 여행을 꿈꾸며 여행 웹사이트를 샅샅이 뒤졌다. 하지만 금세 집을 떠나기가 쉽지 않을 거라는 사실을 깨달았다. 돌봐야 하는 반려견도 있고 언니 부부를 대신해 세 살배기 조카를 봐주는 일도 즐거웠다. 조카가 한창 자라는 시기에 정말 여행이 더 중요할까? 사라는 항상 멋진 이모가 되고 싶다는 꿈을 품어왔다.

인터넷이 목적을 찾기 위한 영감을 얻기에 최적의 장소는 아닐지도 모른다는 생각이 든 사라는 친구와 가족에게로 눈을 돌렸다. 직장에서 만난 멘토가 작년에 회사를 그만두고 사회 정의와 보다 나은 출산 및 육아 지원, 지구 온난화 해결을 위해 싸우는 지역 정치인의 선거 사무장이 되었다는 게 떠올랐다. 사라는 또다시 생각했다. '나도 이런 사안들에 정말 관심이 많았지!'

그렇게 매주 수요일마다 선거 사무소에 가서 자원봉사를 했다. 그러나 한 달 후 사라는 큰 실망감에 빠졌다. 그 기간 동안 그녀가 했던 일은 전단지를 만들고 잠재적인 기부자에게 전화를 거는 게 전부였기 때문이다. 사라가 아무리 선한 의도를 설명하려고 해도 잠재적 기부자들은 바쁜 시간에 걸려온 전화를 성가셔하며 그냥 끊고는 했다. 사라는 만약 이런 게 목적이라면 별로 추구하고 싶지 않다는 생각이 들었다.

사라는 처음 시작할 때보다 더 혼란스럽고 훨씬 우울해졌다. 아무리 애써도 인생의 목적을 찾을 수 없었고 계속 손가락 사이로 빠져나가는 기분이었다. 다른 이들에게는 그토록 쉬워 보이는 일이 자신에게는 왜 이리도 불투명한 건지 이해할 수 없었다.

사라에게는 목적을 찾는 일이 왜 이렇게 어려운 걸까? 사라는 목적과 관련해 우리가 흔히 저지르는(과거의 내가 그랬듯이) 실수를 저지르고 있었다. 바로 자신의 내면이 아닌 외부, 즉 다른 사람의 목적이 곧 자신의 목적이 될 수 있다고 착각하는 실수 말이다. **우리가 차용하고 싶어 하는 거창하고 대담한 목적과 다르게 작은 목적은 찾는 게 아니라 직접 만드는 것이다.** 이건 미묘하지만 상당히 중요한 차이다. 자신의 영혼을 채우는 활동들에 집중하면서 의도적으로 행동해야 이런 목적을 만들 수 있다.

이 장에서는 "어떤 일들이 내 영혼을 채워주는가?"라는 대답하기 힘든 질문에 대한 답을 찾도록 도와줄 것이다. 앞서 사라가 했던 여러 가지 시도와 다르게, 우리는 외부가 아닌 내면의 욕구와 필요, 기쁨에 눈을 돌릴 것이다. 똑같은 목적의식을 공유하는 사람들이 많지만 그 목적을 실현하는 방법은 자신의 성향과 호불호에 따라 달라진다.

지금부터는 타인의 관점에 휘둘려 판단력이 흐려지지 않도록 우리 내면의 욕망에 집중해서 답이 없는 문제를 답이 있는 문제로 바꿀 생각이다. 이를 위해 '생애 회고'life review 라는 오래된 호스피스 기법부터 시작해보자. 임종을 앞둔 환자들이 생의 마지막 여정에서 평화를 누리도록 도와주는 이 기법은 아직 살날이 많이 남았지만 일상생활에서 기쁨과 열정을 다시 찾아야 하는 이들에게도 많은 도움이 된다. 그런 다음에는 내면에 숨겨진 불꽃이 더욱 활활 타오르도록 부채질할 수 있는 다른 기법도 소개하겠다.

그럼 생애 회고부터 시작해보자.

인생의 중요했던 순간들을 돌아보는 연습

생애 회고라는 개념은 로버트 버틀러Robert Butler가 1963년 《정신의학》에 기고한 글에서 처음 소개되었다.[19] 저명한 노인학자이자 미국 국립노화연구소 초대 소장이었던 버틀러는 건강한 노인과 치매에 걸린 노인들이 겪는 다양한 문제들을 모두 연구했다. 나는 호스피스 공동체에서 일하는 훌륭한 사회복지사들을 통해 이 회고 기법을 처음 배웠다. 현재 이 기법은 간호사, 성직자, 사회복지사, 심지어 의사들도 자주 사용한다.

생애 회고는 인생에서 중요한 순간과 주제를 평가하는 데 도움이 되는 질문을 체계적으로 정리한 것이다. 이 질문들은 후회에 대해서도 다룬다. 다음은 생애 회고를 할 때 던지는 질문들의 일부 예시다(이 장 끝부분에서 좀 더 자세한 생애 회고 질문 목록을 확인할 수 있다).

- 살면서 거둔 가장 큰 성공은 무엇인가?
- 가장 큰 실패는 무엇인가?
- 인생에서 가장 행복했던 순간이나 시기를 말해보자. 무엇 때문에 그렇게 행복했는가?
- 자기 삶을 전혀 통제할 수 없다고 느낀 때는 언제인가? 그 이유는 무엇인가?
- 당신에게 가장 큰 영향을 미친 사람은 누구인가?
- 누구와의 관계가 가장 심한 고통을 안겨주었는가? 그 관계는 어떻게 되었는가?

생애 회고의 이점은 이미 잘 알려져 있다. 불안감 감소뿐 아니라 다른 긍정적인 효과도 많다. 일례로 시난재경대학의 연구진들이 임종이 가까운 노인 환자들을 대상으로 생애 회고를 실시한 결과, 불안과 우울증 증상이 현저히 줄어들고 행복한 기분과 전반적인 웰빙 감각이 향상된 것으로 나타났다.[20] 또 말기 환자가 아닌 고령자에게 생애 회고를 실시하면 어떤 효과가 생기는지 살펴본 연구도 있다.[21] 이 연구에서도 마찬가지로 우울증 증상이 크게 감소하고 전반적인 웰빙이 향상되는 것으로 나타났다.

이 연구가 젊은 층에게 생애 회고를 실시했을 때도 반드시 같은 결과를 얻을 수 있다는 걸 증명하지는 않는다. 하지만 그렇게 믿을 만한 이유가 몇 가지 있다. 심리학자 윌리엄 데이먼William Damon은 2021년 《사이콜로지 투데이》Psychology Today에 기고한 글에서 다음과 같이 생애 회고의 이점을 몇 가지 나열했다.

- 자신의 삶을 형성해온 사건과 선택을 있는 그대로 받아들이고, 자기 의심과 후회에 잠기기보다 주어진 삶에 감사하는 마음을 가질 수 있다.
- 내가 누구이고 어떻게 지금과 같은 모습이 되었는지를 보다 확실하게 이해할 수 있게 된다. 이는 심리학자 에릭 에릭슨Erik Erikson이 '자아 통합'ego integrity이라고 부른 고도로 성숙하고 안정된 자기 인식의 한 형태다.
- 경험을 통해 배운 것과 과거 삶에 의미를 부여했던 목적을 숙고하면서 앞으로 나아가야 할 삶의 방향을 보다 명확히 이해하게 된다.

데이먼은 또 과거를 열린 마음으로 솔직하게 바라보는 능력이 있으면 현재의 가치관과 미래의 포부를 이해하는 데도 도움이 된다고 강조한다. 실제로 이런 미래의 포부를 안고 생애 회고 과정을 되돌아보면 작은 목적을 만드는 데 한 걸음 가까워질 수 있다. 과거에 후회되는 일들뿐만 아니라 마법 같은 경외감을 불러일으켰던 일들을 가만 다시 떠올려보자. 이는 어린 시절과 젊은 시절의 삶을 평가하면서 우리의 행동과 전반적인 만족감을 이끌어낸 더 깊은 욕망과 욕구가 무엇인지 생각해보는 첫 번째 기회가 될 수 있다.

에너지와 용기, 시간이 부족해서 포기했던 것을 어떻게 되찾을 수 있을까? 생애 회고를 진행하면 과거에 의미 있다고 생각했던 일들을 바탕으로 보다 나은 현재와 미래를 만들어갈 수 있다. 사라의 경우에는 확실히 그랬다. 사라가 보낸 이메일을 읽은 뒤, 우리는 줌으로 한 시간 동안 대화를 나누면서 그녀가 목적을 향한 길을 찾으려다가 실패하고 좌절했던 경험에 대해 다시 이야기했다. 그리고 통화를 마치면서 나는 사라가 고통스러워할 만한 숙제를 내줬다. 자신의 삶을 되돌아보라고 한 것이다. 참고할 유용한 링크와 따라 할 수 있는 체크리스트들을 알려주면서 지금의 좌절감 때문에 이 중요한 활동을 포기하지 말라고 조언했다.

그렇게 우리가 이야기를 나누고 거의 한 달이 지난 뒤, 사라는 내게 이메일을 하나 보내왔다. 이메일 제목란에는 '말'Horses 이라는 단어 하나만 적혀 있었다. 사라는 마침내 생애 회고를 수행했다. 며칠에 걸쳐 많은 시간이 걸리기는 했지만 결국 힘들고 감정적인 질문에 답하는 불편함을 극복하고 깨달음을 얻었다.

사라의 유년기에 가장 소중한 기억은 항상 말과 관련된 것이었다. 어릴 때는 말을 그렸고 10대 시절에는 말타기를 즐겼으며 마구간 주변에 있을 때 가장 편안하고 안전하다고 느꼈다. 사실 대학에 진학하기 전까지 그녀는 다른 어떤 것보다 말에 관한 생각을 하며 보내는 시간이 많았다. 그런데 어떤 이유 때문인지 말들을 잊어버렸다. 대학 생활이 바빠지자 더 이상 집에 돌아가 말을 탈 시간이 없었다. 저널리즘에 관심이 생겨 그쪽 분야에서 경력을 쌓겠다는 포부를 품었고 여름 방학에는 전국 여러 도시에서 인턴십을 하며 보냈다. 대학을 졸업하고 첫 직장을 얻은 뒤에는 도시 외곽에 괜찮은 마구간이 있는지 찾아볼까 하는 생각도 했지만 늘 시간이 부족했다. 게다가 요즘 마구간을 운영하면서 말을 키우려면 상당한 돈이 들어간다.

20년이 지나 전보다 경제적으로 넉넉해지긴 했지만 별로 의욕이 생기지 않는 패션 잡지 편집자로 일하면서 고군분투하던 사라는 처음으로 작고 고요한 목적을 품게 되었다.

그녀를 평생 지탱해줄 수 있는 그런 목적이었다.

당신의 삶에 '빼기 기술'을 적용하라

의사로서의 삶에 완전히 지친 상태에서 재정적인 독립을 이뤘다는 사실을 깨달은 나는 바로 그 즉시 의학계와 완전히 인연을 끊고 다시는 돌아가지 않을 수도 있었다. 병원 경영자를 찾아가 "당장 집어치우겠다!"고 말할 수도 있었다. 하지만 그러지 않았다. 그때 내가 성급하게 굴지 않은 건 아주 간단하고 기본적인 이유 때문이었다. 앞으로 뭘 하면서 살고 싶은지 아무 생각이 없었던 것이다.

나는 유년기와 청년기 내내 의사가 되고 싶었고 결국에는 꼭 의사가 될 거라고 생각했다. 그게 내 존재의 주된 목적이었다. 그것이 잘못된 선택이었다는 사실을 깨닫자 끔찍한 목적의 공백이 찾아왔다. '내가 의사가 아니라면 나는 뭐지? 아픈 사람들을 돌보고 치유하는 게 내 목적이 아니라면 대체 나의 목적은 뭐지?'

지금까지 품고 있던 목적의식과 정체성에 근본적인 의문이 생기는 상황에 처해본 적이 있다면 이런 생각이 얼마나 혼란을 가져오는지 잘 알 것이다. 모든 걸 무너뜨리고 처음부터 다시 시작할 용기가 없을 수도 있다. 나는 분명히 그랬다. 그래서 차선책을 택했다.

일단 **빼기 작업**을 시작했다. 펜과 종이를 들고 앉아 의사로서

내가 지켜야 할 모든 규칙과 책임을 적었
다. 내가 하던 모든 직무와 직함도 적었
다. 며칠이 걸리기는 했지만 결국 꽤 자세
한 직무 내용을 적을 수 있었다.

그런 뒤 뾰족하게 깎은 연필을 쥐고 하나씩 줄을 긋기 시작했
다. 고통과 괴로움을 주는 일들에 전부 줄을 그었다. 아침에 일어
나기 싫을 정도로 두려워하던 일에도 줄을 그었다. 전체적으로
시간과 에너지만 낭비했던 회의나 억지로 배정받아 참석했던 위
원회 같은 활동들도 다 지웠다. 땀까지 줄줄 흘리면서 계속 줄을
그어대는 바람에 손을 멈출 때쯤 되자 종이 전체가 아무렇게나
그은 줄로 가득했다. 그리고 종이 귀퉁이에는 간신히 알아볼 수
있는 항목 하나만이 남아 있었다.

호스피스.

매달 호스피스에서 잠깐씩 보내는 시간이 내게는 정말 소중했
다. 내 직업에서 유일하게 기쁨을 안겨주는 부분이었다. 호스피
스팀과 함께 있을 때는 의사라는 직업의 무거운 짐이 느껴지지
않았다. 나는 그냥 내가 가진 기술과 지식을 활용해 타인을 돕는
평범한 사람일 뿐이었다. 그때 느껴지는 기분이 정말 좋았다.

갑자기 상실감이 그리 크게 느껴지지 않았다. 어떤 대가를 치
르든 호스피스 일을 해야겠다고 생각했다. 돈도 받지 않고 할 것

이다. 그 일이 내가 세상에 태어난 목적의 일부처럼 느껴졌기 때문이다. 그건 세상을 바꿀 거창하고 대담한 목적이 아니었다. 그저 호스피스 팀과 도움이 절실히 필요한 환자들을 돕는 것이었다. 나는 그것이야말로 내 능력과 연결되어 있다는 기분을 느꼈다.

드디어 내 구심점을 찾은 것이다.

사라도 같은 방식으로 자신의 터전을 찾았다. 생애 회고는 마구간에서 시간을 보내거나 말을 돌보면서 느꼈던 유대감과 기쁨을 떠올리는 데 도움이 되었다. 이것이 시작이었다. 물론 시작 단계에서는 여전히 해야 할 일이 많았다. 사라는 자신이 좋아하지 않는 직업에 짓눌린 상태였다. 아는 것과 행동하는 것은 전혀 다른 문제다. 이제 사라는 자기 삶의 목적이 무엇인지 깨달았다.

사라에게 주어진 다음 숙제는 업무 환경에서 빼기 기술을 활용하는 것이었다. 자기 직업에서 여전히 좋아하는 부분이 있을까? 여전히 목적의식이 느껴지는 부분은? 그녀가 가장 좋아하는 업무는 무엇일까?

사라는 패션 업계에 대한 애정이 식었고 이번 시즌에 어떤 색이 유행하는지 같은 일들에 더 이상 신경 쓰지 않았다. 매달 잡지를 발행하는 과정에서 해야 하는 몇몇 기계적인 작업은 좋아했지만 그것만으로는 생계를 유지하기에 부족했다. 결국 사라는 나처럼 종이에 수많은 글을 끄적인 끝에, 결코 포기하고 싶지 않은 일을 하나 찾아냈다.

몇 년 전 사라는 잡지의 새로운 섹션에 실을 기사를 수집하는 임무를 맡았다. 매 호마다 지면 대부분을 차지하는 업계의 주요 팁이나 요령들과 달리, 이 섹션에서는 독자들이 보내준 실제 패션 사례를 유머러스하게 풀어냈다. 사라는 사람들이 보내준 글을 편집하던 순간을 떠올리면서 미소를 지었고 종종 큰소리로 웃음을 터뜨리기도 했다.

그건 끔찍하게 지루한 일에 파묻혀 지내던 긴 세월 동안 사라가 진심으로 좋아한 유일한 작업이었다. 새로 부임한 편집장이 그런 기사는 별로 필요하지 않다며 그 섹션을 폐쇄하기 전까지는 말이다. 사라는 당시에는 당연히 낙담했지만 지금은 오히려 다행이다 싶었다. 삶의 지주로 삼을 만한 목적(말)이 생겼을 뿐만 아니라 돈을 받지 않고도 하고 싶은 활동까지 찾았기 때문이다.

어쩌면 우리는 삶의 목적을 찾는 데 너무 많은 신경을 쓴 나머지 삶의 어딘가에 이미 목적을 만들어두고도 모르는 게 아닐까? 나는 당신이 가장 많은 시간을 쏟는 일을 살펴보라고 권하고 싶다. 심지어 아주 싫어한다고 생각했던 일들까지 말이다. 눈에 잘 띄는 곳에 어떤 불씨가 이미 숨겨져 있지는 않은가? 어쩌면 이 불씨가 타오르는 데 필요한 건 아주 약간의 산소뿐일지도 모른다.

어린 시절은 나의 목적을 기억하고 있다

더 이상 사라의 이야기를 장황하게 늘어놓지 않더라도 이쯤 되면 눈치를 챘으리라 생각한다. 어릴 때 열정을 품었던 일을 떠올리는 것이야말로 무엇이 나의 인생을 밝혀주는지 기억해내는 가장 빠른 방법이라는 사실을 말이다. 생애 회고에서도 이 기법을 살짝 언급했지만, 어린 시절은 우리 삶에서 가장 마법 같은 시기다. 그래서 그 자체로도 아주 중요한 연습이 된다.

어린아이들은 목적 불안이 심하지 않다. 자기가 뭔가를 할 수 있다거나 해야 한다는 생각에 얽매이지 않기 때문이다. 아직 그런 걸 배우지 않았기에 마음껏 꿈꿀 수 있는 완전한 자유가 있다. 우리는 아이들의 엉뚱한 행동을 그대로 인정해주고 심지어 격려하기도 한다. 내가 일곱 살 때 어머니에게 뒷마당에 수영장을 만들고 싶다고 하자 어머니는 그런 건 할 수 없다고 말하지 않았다. 어머니는 내가 낙엽 치우는 걸 기꺼이 도와줬고 덕분에 우리는 함께 즐겁게 웃고 떠들면서 오후 시간을 보냈다.

하지만 아이들이 나이가 들면 주변 어른이나 사회가 아이들의 꿈에 제약을 가하기 시작한다. 내가 10대 때 뒷마당에 수영장을 만들고 싶다고 했다면 어머니는 바보 같은 소리라고 했을 것이다. 시 조례도 지켜야 하고, 인건비도 들고, 허가도 받아야 하고, 법적인 책임도 있고 기타 등등의 일들이 산적해 있다고 하면서 말이다. 그렇게 나이 든 아이들은 금방 기가 꺾인다. 그 시기쯤 되면 아이들은 사회적 기대에 대한 압박을 받기 시작하면서 점점 고정관념에서 벗어난 생각이 환영 받지 못하는 현실을 맞닥뜨린다.

부모는 아이들에게 의사나 변호사가 되라고 하지 유머러스한 기사를 편집하는 기자가 되라고 하지 않는다. 광고 마케팅 전문가들은 우리가 어떤 모습으로 보여야 하고 어떤 제품을 사야 하는지 알려준다. 이제 아이들에게 남겨진 것은 남들의 목적을 흉내 내거나 어떤 기업의 주머니를 채우기 위한 기준에 순응하라는 말뿐이다.

이 과정에서 어린 시절의 꿈과 열정은 대부분 산산조각난다. 하지만 삶에 목적을 부여하고자 할 때는 유년기가 비옥한 토양이 된다. 나도 그렇게 해서 스포츠와 야구 카드에 대한 사랑을 다시금 깨달았다. '들어가며'에서 얘기한 골동품 가게의 멘토가 내 인생에서 큰 역할을 했다. 하지만 그건 전체 이야기의 일부분에 불과하다. 내가 그 가게를 그토록 사랑했던 이유 중 하나는 어린 시절에 엄청난 시간을 쏟아부었던 수집에 대한 순수한 열정과 즐거움 때문이었다.

하지만 대학 진학 전의 어느 시점에 나의 수집 열정은 사그라들었다. 수집에 대한 관심이 자연스레 줄어서가 아니다. '사회적 시선'으로 보기에 이제는 그런 어린 시절의 관심사에서 벗어날 때였기 때문이었다. 대학 시절에는 열심히 공부하면서 나의 단 하나뿐인, 진짜 인생의 목적이라고 생각했던 의사가 되는 일에 집중해야 했다.

그러나 세월이 한참 지난 지금도 야구나 수집품과 관련된 것들은 여전히 내 시선을 사로잡는다. 몇 년 동안 야구를 보지도 않고 크게 관심을 두지도 않았지만 잡지나 신문을 펼치면 가장 먼저 야구 기사부터 읽는다. 야구 카드는 내가 어린 시절을 돌아보면서 작은 목적에 관해 역설한 내용을 실천하기에 좋은 출발점이라는 것을 깨달았다.

당신은 어린 시절의 어떤 부분을 남겨두었는가? 그것이 오랫동안 잊고 있던 불꽃을 되살릴 불씨가 될 수 있을까?

시행착오는 실패가 아닌 성공으로 가는 과정이다

이 섹션에서는 우리 삶에서 작은 목적을 만들어내는 다른 방법 몇 가지를 간단히 소개하겠다. 내가 강연에서 자주 언급하는 첫 번째 방법은 의외의 순간에 떠오르는 기발한 아이디어와 영감에 주목하는 것이다.

한밤중에 떠오른 아이디어에 너무 흥분한 나머지 다시 잠들지 못하고 계속 뒤척이는 경험을 한 번쯤 해본 적이 있을 것이다. 그렇게 하나의 생각에 꽂히면, 그 생각이 계속 머릿속을 맴돌고 결국 다음 날 지친 상태로 출근을 한다. 안타깝게도 대개는 거기서 이야기가 끝난다. 하루가 지나면 전날 밤의 마법 같은 생각은 너무 거창하거나 덧없거나 현실적이지 않다고 느껴지기 시작한다. 자기가 너무 과하게 흥분했던 거라고 스스로를 진정시키고 우리는 다시 지루하고 평범한 일상으로 돌아간다. 그리고 그 생각은 곧 사라진다.

당신은 이런 일을 몇 번이나 겪어봤는가? 최근 몇 년 사이에 나 또한 이런 일을 여러 번 겪었다. 하지만 그 엉뚱한 생각에 주의를 기울인다면 어떨까? 진지하게 받아들인다면? 생각지도 못한 순간에 그런 아이디어가 떠오르는 이유는 우리의 잠재의식이 정말 중요한 걸 추구하라고 촉구하기 때문이라고 생각한다. 물론 그 아이디어가 정말 엉뚱해서 실현 불가능할 수도 있다. 하지만 잠을 이루지 못할 만큼 흥분했다는 건 그 안에 흥미롭고 의미 있는 뭔가가 존재한다는 신호다. 그러니 이런 엉뚱한 생각을 탐구해보면 어떨까?

딱히 잃을 것도 없지 않은가?

지금까지 얘기한 방법을 모두 시도해봤는데도 여전히 어려움을 겪고 있다면 이제 도움을 요청해야 할 때다. 가장 쉽고 빠른 해결책은 가족과 친구에게 도와달라고 하는 것이다. 가족과 친구들이 당신은 보지 못하는 당신의 모습을 찾아낼 때도 있다. 또 당신의 생각을 완전히 바꿀 수 있는 통찰력을 지니고 있기도 하다. 사라는 누가 자기 삶에 목적의식을 불어넣은 건지 몰랐는데, 알고 보니 바로 그녀의 어머니였다. 그녀의 어머니는 사라가 어릴 때 쓰던 물건들을 담아놓은 상자 속을 그냥 둘러보기만 하면 되었다. 그 상자들은 승마 트로피와 말과 기수를 그린 그림으로 가득 차 있었다.

사랑하는 이들의 도움을 받을 때 주의해야 할 점은 간혹 위의 사례와 정반대되는 경우도 있다는 것이다. 가족들이 '당신의 관점'이 아니라 '그들이 선택한 관점'에 맞춰 당신을 바라볼 수도 있다. 그들에겐 당신이 어떤 사람인지 혹은 어떤 사람이 되어야 하는지에 대해 고정관념이 있을지도 모른다. 따라서 그들의 말이 당신이 생각하는 진정한 자신과 일치하는지 항상 확인해봐야 한다. 주변 사람들이 당신에게 맞지 않는 활동을 하라고 이야기한다면 그때는 당신의 직감을 믿길 바란다.

가족이 답을 줄 수 없다면 전문가에게 의지하는 것도 한 방법이다. 상담 치료사나 사회복지사도 괜찮고 다양한 유형의 인생 코치나 진로 코치도 있다. 이런 전문가들은 심층적인 질문을 던져서 당신이 현재 상황을 재구성하고 재해석하도록 도와준다. 때로는 직장에서 복지의 일환으로 이런 서비스를 제공하기도 하고, 상담 치료사 같은 경우 비용이 보험 처리가 되기도 하니 적극 활용해보자.

전문가를 고를 때는 신중을 기해야 한다. 진로 코치나 인생 코치가 제대로 된 자격증을 가지고 있는지 살펴보고(상담 방식과 자격증 발급 기관이 매우 다양하다) 추천서도 확인하자. 개인적으로 추천받는 방식이 가장 좋으므로 아는 사람들 가운데 자기만의 행복을 느끼며 안정적으로 살아가는 이들을 찾아보자. 그들이 전문가의 도움을 받고 있는가? 혹시 그 전문가의 이름과 연락처를 알 수 있는가?

지금까지 당신을 기다리고 있는 숨겨진 목적의식을 끌어낼 수 있는 체계적인 기법들을 살펴보았다. 하지만 나는 모두에게 이런 기법이 통하지는 않으리라는 걸 잘 안다. 당신에게는 유년기에 품었던 꿈이나 한밤중에 영감을 얻은 순간이 없을지도 모른다. 어쩌면 생애 회고를 해봐도 인생에서 원하는 걸 정하는 데 도움이 되지 않을 수 있다. 만약 그렇다면 시도해볼 만한 기법이 하나 더 있다.

바로 **스파게티 기법**이다.

그렇다. 벽에 스파게티를 던져서 어떤 면이 달라붙는지 확인하는 방법이다. 산탄총을 쏘듯이 이것저것 시행착오를 겪는 것이다. 마음을 활짝 열고 무슨 일이 일어나는지 지켜보자. 평소 같으면 결코 받아들이지 않았을 사람과 활동까지 다 받아들여야 한다. 새롭고 잘 모르는 상황 때문에 생기는 불편함을 감수하고 때로는 얼빠진 모습까지 다 보여줘야 한다.

자신의 취약한 모습을 드러내기란 결코 쉬운 일이 아니지만 사려 깊고 진정성 있는 태도를 유지한다면 분명 좋은 일이 뒤따를 것이다. 스파게티 기법을 이용하면 자신의 취약성을 받아들이고 그 후의 경험에 관심을 가질 가능성이 높다. 여러 가지 새로운 경험을 한 뒤에 그중 한두 가지 경험에 친밀감을 느끼게 되면 마법 같은 일이 벌어진다. 이제 본격적으로 뛰어들 때가 됐다. 친밀감을 탐색하면서 그와 관련된 기회를 더 많이 받아들이자. 이 활동들 중 어떤 것이 당신에게 기쁨과 성취감을 안겨주는가?

찾지 말고 스스로 만들어라

이 장에서 소개한 기법들을 활용하면 자신의 삶 속에서 작은 목적이 어떤 모습으로 나타날지 명확히 알 수 있다. 이건 좋은 소식이다. 나쁜 소식은 이제부터는 당신이 살고 싶은 삶을 직접 만들어가야 한다는 것이다. 목적은 찾는 게 아니라 스스로 만들어가는 것이다(이 말은 앞으로도 계속 듣게 될 것이다).

로만은 야구 카드 판매를 통해 목적을 찾은 게 아니었다. 그는 야구 카드가 공동체에 친밀감을 선사한다는 점을 깨달은 뒤, 거래 방법을 배우고 공동체를 구축하는 일에 많은 시간을 투자했다. 똑같은 방식을 이용한 사라도 이제 남들보다 훨씬 앞서 나가고 있다. 말에 대한 애정을 자신의 핵심 가치로 여겼고 출판업에도 아직 좋아하는 부분이 있다는 걸 기억했다. 하지만 이제 시작일 뿐이다. 이제부터 그런 것들을 중심으로 자신에게 기쁨을 안겨주는 의미 있는 활동들을 만들어나가야 한다. 사라가 할 수 있는 활동들은 무궁무진하다.

- 승마 교습을 받을 수 있다.
- 주말에 마구간에서 일할 수 있다.
- 경마 이야기를 다루는 잡지사에 취직할 수 있다.
- 말과 관련된 블로그나 팟캐스트를 시작할 수 있다.

적극적으로 움직이면서 본인이 좋아하는 활동으로 가득한 인생을 살아가고자 하는 의지가 있다면 무엇이든 가능하다. 어떤 때는 어렵고 불편한 일을 해야 할 수도 있지만 분명 그만한 가치가 있을 것이다.

제3부에서 자세히 얘기하겠지만 작은 목적을 추구하는 활동에 참여했을 때 얻을 수 있는 훨씬 더 중요한 것이 있다. 바로 공동체와 인간관계다. 이는 우리가 배우고 성장하는 데 도움이 되는 것으로, 모든 노력의 끝에서 주어지는 상과도 같다.

공동체를 만들면 사람들이 찾아올 것이다. 진심으로 그리고 분명하게 목적 있는 삶을 살아간다면 당신과 비슷한 생각을 가진 이들을 끌어들일 수 있다. 그들은 당신에게 필요한 자양분을 공급하면서 그 삶을 지지해줄 것이다. 가장 중요한 이 활동에는 지름길이 없다. 치트키도 없다. 아무리 돈이 많아도 이런 행복을 살 수는 없다.

돈으로 행복을 살 수 없다는 말을 믿을 수 없는가? 다음 장을 읽으면 내 말에 조금은 납득이 될지도 모른다.

- 다음 주에 한 시간씩 두 번, 따로 일정을 비워두자. 가능하면 전자 기기를 전부 끄거나 휴대전화를 무음으로 설정해두고 방해받지 않을 조용한 장소를 찾는다.
- 이 연습은 전자 기기를 이용해서도 할 수 있지만, A4 용지와 뾰족하게

깎은 연필을 가지고 시작하는 게 가장 좋다.

- 종이를 세 개의 열로 나눈다. 첫 번째 열에는 현재 하는 업무에 따르는 모든 규칙과 책임, 두 번째 열에는 가장 일반적인 업무 활동, 세 번째 열에는 자주 교류하는 사람과 조직 이름을 적는다.

- 잠시 손을 멈추고 꼼꼼히 살펴보자. 이건 현재의 직장 생활 전체를 하나의 목록 형태로 만드는 것이다. 너무 버겁게 느껴지는가? 긍정적인가, 부정적인가? 목적이 있는가, 없는가? 정답은 따로 없으니 자유롭게 찬찬히 잘 생각해보자.

- 5분이 지나면 뾰족한 연필로 줄을 긋기 시작한다. 쓸모없거나 짜증 나거나 불안하거나 특히 싫은 항목은 전부 선을 그어 지우자. 자신에게 기쁨을 주거나 특별한 목적의식이 느껴지거나 돈을 받지 못해도 꼭 하고 싶은 활동만 남겨둬야 한다.

- 이는 지금 당신이 하는 일에 빼기 기술을 적용한 것이다. 줄을 긋지 않은 항목이 있는가? 아니면 전부 다 지웠는가? 갑자기 필요 이상으로 많은 돈이 생긴다 해도 현재의 직업에서 유지하고 싶은 부분이 있는가?

- 이 과정에 정답은 없다. 작은 목적을 찾을 때는 지금까지 정성 들여 쌓아 놓은 신전을 커다란 망치로 부숴버리기 전에 내가 시간을 어떻게 보내고 있는지 명확히 평가해야 한다. 당신이 지금의 직업에 종사하게 된 이유가 있을 텐데, 그 이유가 여전히 유효한가?

- 줄을 긋지 않은 항목은 새로운 목적의식을 만들 때 좋은 출발점 또는 구심점이 되어줄 것이다.

- 종이 전체가 그냥 낙서처럼 보여도 낙담할 필요 없다. 이 장에서 얘기한 다른 기법을 이용해서 더 면밀히 살펴보면 된다.

- 반면 남아 있는 유일한 항목이 소득이나 급여와 관련된 것이라면 다음

장으로 넘어가야 한다. 돈으로 많은 것을 살 수 있는 건 사실이지만 안타깝게도 그 안에 행복이 포함되지는 않기 때문이다.

생애 회고 질문과 자료

아래는 범주별로 정리한 생애 회고 질문 목록이다.[22]

어린 시절 회상

- 가장 어릴 때의 기억은 무엇인가?

- 유년기의 경험을 얘기해보자.

- 주 양육자는 누구였고 그들의 성격은 어땠는가?

- 형제자매와의 관계는 어땠는가?

- 어린 시절의 가장 소중한 추억은 무엇인가?

- 어릴 때 얻은 중요한 교훈이 있다면 어떤 것인가?

- 성장기에 가족의 경제적 상황은 어땠는가?

- 가장 좋아하던 게임과 여가 활동은 무엇이었는가?

- 가족의 전통으로는 어떤 것이 있었는가?

- 어릴 때 가장 좋아했던 장난감은 무엇이었는가?

- 학교생활은 어땠는가?

- 어릴 때 반려동물을 키웠는가?

청소년기 탐색

- 10대 시절의 가장 생생한 기억은 무엇인가?

- 청소년기에 본인 성격은 어땠는가?

- 그 시절에는 청소년들에게 어떤 모습을 기대했는가?

- 다녔던 학교와 거기서 받은 교육을 떠올려보라.

- 10대 시절 가장 친한 친구는 누구였는가?

- 청소년기에 부모님과의 관계는 어땠는가?

- 롤모델이나 멘토, 영웅 같은 존재가 있었는가?

- 청소년기에 어떤 집안일을 담당했는가?

- 첫 연애는 언제였는가? 첫 데이트와 첫 키스의 추억을 얘기해보자.

- 10대 시절에 어떤 어려움을 겪었고, 가장 즐거웠던 일은 무엇인가?

성인으로 자리 잡는 과정

- 20대와 30대 때 했던 경험을 얘기해보자.

- 결혼했는가? 배우자의 어떤 점에 마음이 끌렸는가?

- 자녀가 있다면 자녀에 대해 설명하라.

- 이 시기의 자신을 어떻게 표현하고 싶은가?

- 어떤 취미와 관심사를 추구했는가?

- 이 시기에 돈이 당신 인생에서 어떤 역할을 했는가?

- 경력과 직업적인 경험을 설명해보라.

- 성인이 된 뒤에 가장 친하게 지낸 친구는 누구인가?

- 가족들은 어떤 어려움을 겪었는가?

- 이 시기의 가장 소중한 추억은 무엇인가?

- 중요한 역사적 사건들 가운데 당신에게 가장 큰 영향을 준
  사건은 무엇인가?

더 나이 들어 현명해진 시기

- 중년기에는 어떤 어려움과 기쁨을 경험했는가?

- 이 경험이 세상을 바라보는 관점과 살아가는 방식에 어떤
  영향을 미쳤는가?

- 가장 자랑스러운 업적은 무엇인가?

- 후회스러운 일이나 이루지 못한 꿈이 있는가?

- 자신이 이룬 가장 큰 성공은 무엇이라고 생각하는가?

- 당신의 삶을 돌아봤을 때 스스로의 기대에 부응했는가? 기
  대를 뛰어넘었거나 기대에 미치지 못했는가?

- 신앙 생활을 하거나 영적 활동을 하고 있는가?

- 인생에서 가장 결정적인 순간은 언제였는가?

- 자녀와 손주에게 어떤 조언을 해주고 싶은가?

- '좋았던 옛 시절'의 어떤 부분이 그리운가?

생애 회고를 위한 참고 자료

- 콘티누아 생애 회고 설문지: https://continuagroup.com/
article/lifetime-legacies-life-review-questions/#:~:text
=What%20challenges%20and%20joys%20did,any%20re-
grets%20or%20unfulfilled%20dreams%3F

- 정기적인 생애 회고 사례: https://www.wellandgood.
com/lifereviews-live-without-regrets/

- 목적과 생애 회고의 연관성: https://www.psychologyto-
day.com/us/blog/the-puzzles-your-past/202107/purpose-
and-the-life-review

- 제인 폰다와 오프라 윈프리의 생애 회고: https://www.
oprah.com/own-oprahshow/jane-fonda-reveals-how-to-
do-yourown-life-review-video

가장 중요한 것에는 가격표가 없다

디트릭은 마침내 자기가 겪고 있는 수많은 문제에 대한 해답을 찾았다고 생각했다. 그는 컴퓨터 프로그래머라는 직업을 싫어했고 일상생활에서 기쁨을 느끼는 일도 거의 없었다. 그가 원하는 건 최대한 빨리 일을 끝내고 사무실에서 벗어나 집에서 휴식을 취하는 것이었다. 오전 9시부터 오후 5시까지 영혼을 짓누르는 일과에 녹초가 된 디트릭은 우버 이츠로 주문한 저녁을 먹은 뒤 TV 앞 소파에 누워 기절하듯 잠들었다. 그의 허리둘레는 신체 활동 부족과 불만스러운 삶을 증명했다.

그러다가 재정적 자립 운동에 대해 알게 된 디트릭은 바로 이것이 해결책이라고 생각했다. 그가 해야 할 일은 충분한 돈을 모아 현명하게 투자하는 것뿐이었다. 그는 순자산이 늘어나면 일을 완전히 그만둘 수 있을 거라고 생각했다.

마치 구름 뒤에 숨어 있던 태양이 갑자기 모습을 드러낸 듯했다. 이제 디트릭은 일상적인 업무를 거의 참아낼 수 있게 되었다. 은행 계좌에 돈이 불어나자 자기가 만든 몇몇 프로그램이 진짜 가치가 있다는 걸 인정해야 했다. 그의 계산에 따르면, 순자산이 연간 지출액의 25배가 되면 재정적으로 자립할 수 있었다.

처음에는 어렵게 느껴졌지만 그래도 열심히 지출을 줄이고 돈을 모으고 현명한 투자를 했다. 그러자 몇 년 만에 직장을 그만둘 수 있을 만큼의 돈이 모였다. 이 무렵 디트릭은 비슷한 관심사를 가진 다른 사람들을 만났고 재정 자립 콘퍼런스에도 참석했다. 매주 스프레드시트를 업데이트하고 매일 주식 시장 동향을 살폈다. 이런 활동이 그의 삶에 의미를 부여했다. 디트릭은 몇 년 만에 처음으로 주변 세상과 완전히 연결된 기분을 느꼈다.

디트릭은 재정적 자립 목표에 도달한 뒤에도 상황을 좀 더 확실히 다지고자 6개월을 더 직장에 남아 있었다. 직장 동료들은 디트릭의 조기 퇴직을 축하하는 파티를 열어주었고 디트릭은 더할 나위 없이 행복했다.

그리고 이 기쁨은 몇 달간 지속되었다. 그동안 넷플릭스에서 보려고 했던 영화와 드라마를 모두 보고, 푹 빠져 있던 슈팅 게임도 원 없이 했다. 오랫동안 꿈꿔왔지만 시간이 없어서 못 갔던 이탈리아 여행도 다녀왔다. 디트릭은 돈이 특정한 문제를 하나 해결해주었다는 걸 깨달았다. 별로 좋아하지 않던 직장에 매일 출근해야 하는 책임에서 벗어나게 해준 것 말이다.

하지만 그 책임에서 해방된 디트릭은 어느 때보다 혼란스러워졌다. 그는 싫어하는 일에서 벗어나는 것 외에 무엇이 자신에게 기쁨을 안겨줄 수 있을지 진지하게 생각해본 적이 없었다. 자유롭게 살아갈 수 있을 만큼 돈을 버는 일 외에 다른 인생의 목적은 한순간도 생각해보지 않았던 것이다.

돈과 부가 행복의 열쇠라고 생각하는 사람들은 디트릭과 같은 갈망을 한다. 하지만 돈으로 정말 행복을 살 수 있을까? 곧 살펴보겠지만 이 오래된 질문은 새롭고 흥미로운 방식으로 계속 논쟁거리가 되고 있다.

돈으로 행복을 살 수 있다고 믿는 사람들은 기본적인 의식주나 안전장치가 부족한 이들에게 그런 걸 얻을 수 있는 수입을 제공하면 인생이 달라진다고 주장한다. 하지만 복권 당첨자들 중에는 그런 행운(어쩌면 불운)의 티켓을 사기 전보다 더 가난하고 불행해지는 이들도 많다.

이 장에서는 돈으로 과연 행복을 살 수 있는가 하는 중요한 질문과 그 질문의 답이 목적과 관련해 무엇을 말해주는지를 자세히 살펴볼 것이다. 짐작하겠지만 이 주제에 대해서는 과학적 근거와 기타 자료가 매우 풍부하다.

우리가 몰랐던 행복과 소득의 관계

목적이라는 개념이 그랬듯이 돈과 행복의 관계도 역설적이다. 증거가 두 가지 상반된 결론을 가리키고 있기 때문이다.

이 결론을 이해하려면 먼저 연구자들이 행복과 돈의 관계를 논할 때 사용하는 용어를 알아야 한다. 우리가 이야기할 연구에서는 기본적으로 두 가지 용어를 사용한다. 이 개념은 대니얼 카너먼Daniel Kahneman과 앵거스 디턴Angus Deaton이 2010년에 발표한 획기적인 연구 논문에서 처음 정의한 것이다.[23] 그들은 '정서적 웰빙'을 우리가 일상생활에서 느끼는 감정, 즉 흔히 행복이라고 부르는 감정으로 정의했다. 반면 '생활 평가'는 개인이 장기적으로 느끼는 성취감이나 만족감을 말한다.

카너먼과 디턴은 갤럽이 미국 거주자 1,000명을 대상으로 매일 실시하는 갤럽–헬스웨이즈 웰빙 지수Gallup-Healthways Well-Being Index 조사에서 얻은 45만 건 이상의 응답을 분석했다. 연구진은 소득과 교육 수준은 생활 평가와 밀접한 관련이 있는 반면, 건강, 돌봄, 외로움은 일상적인 정서적 웰빙과 더 연관되어 있음을 발견했다. 또한 정서적 웰빙은 소득에 비례하여 증가하긴 하지만 그 효과는 연간 7만 5,000달러에서 정점에 이르고 그 이후에는 효과가 증가하지 않았다. 그 분석에 따라 두 사람은 다음과 같은 결론을 내렸다.

> 돈이 많다고 해서 반드시 더 행복해지지는 않지만 금전적 부족은 정서적 고통과 관련이 있다. 추측컨대 7만 5,000달러는 그보다 소득이 더 증가해도 좋아하는 사람과 시간을 보내거나 통증과 질병을 피하거나 여가를 즐기는 등 정서적 웰빙 측면에서 가장 중요한 일을 할 수 있는 개인의 능력이 더 이상 향상되지 않는 한계점으로 보인다.

매튜 킬링스워스Mathew Killingsworth도 똑같은 현상을 연구했지만 그는 소득의 임계 수준이나 행복도가 더 이상 증가하지 않는 현상을 발견하지 못했다.[24] 결국 두 연구진은 가설을 더욱 정교하게 다듬기 위해 힘을 합쳤다. 그들은 이미 행복한 사람은 돈으로 행복을 증진시킬 수 있지만 불행한 사람의 경우 소득이 증가할수록 그 효과가 약화된다는 결론을 내렸다.[25]

다시 말해 어떤 사람은 돈으로 행복을 살 수 있지만 어떤 사람에게는 한계가 있다는 뜻이다. 그러나 이 결과만으로는 디트릭 같은 사람의 사례를 해석하기가 쉽지 않다. 어쩌면 그는 계속 일하면서 더 많은 부를 축적해야 할지도 모른다. 그가 운 좋은 부류에 속할 수 있을까?

안타깝게도 디트릭을 비롯한 우리 모두에게 상황은 더욱 복잡해지고 있다. 최근에 진행된 한 연구는 저소득 국가의 행복을 증진하는 가장 좋은 방법이 경제 성장을 촉진하는 것인지에 의문을 제기했다. 결론은 다소 충격적이었다. 경제 발전 수준이 가장 낮은 지역의 주민들이 스칸디나비아 국가(보통 전 세계에서 행복도가 가장 높은 지역)에 사는 사람들과 비슷한 수준의 행복감을 지니고 있었던 것이다.[26]

이 주장이 사실일 수 있는 이유 중에 **이스털린의 역설**Easterlin Paradox이라는 현상이 있다. 이 역설은 특정 시점에는 개인과 국가 사이에 행복과 소득이 직접적인 상관관계를 갖지만 장기적으로는 이 두 가지 지표가 더 이상 유의미한 상관관계가 없음을 의미한다. 이러한 역설이 발생하는 주된 이유는 사회적 비교 때문으로 추정된다.[27] 소득을 통해 행복을 느끼는 경우는 나보다 불우한 사람과 나를 비교했을 때다. 그리고 그 반대의 경우도 마찬가지다. 조류가 상승하면 모든 배가 가라앉는 것처럼 말이다. 다시 말해 대규모 집단의 경제적 발전은 전체적인 행복에 거의 영향을 미치지 않는다. 디트릭은 자신의 소득이나 순자산이 동료나 이웃보다 눈에 띄게 많아야 행복을 느낄 것이다.

결국 2022년 《이모션》Emotion에 발표된 한 획기적인 연구에서 마지막 퍼즐 조각을 찾을 수 있었다.[28] 연구진은 일반적으로 부가 증가하면 행복도 함께 증가할 수 있지만, 소득 수준이 낮은 경우에는 의미와 목적이 훨씬 강력한 '예측 변수'가 된다는 사실을 알아냈다. 이런 연관성은 미국뿐 아니라 여섯 개 대륙에 걸친 123개국, 50만 명 이상을 대상으로 한 대규모 데이터세트에서도 발견되었다.

그렇다면 이 데이터를 어떻게 해석할 수 있을까? 연구 결과가 말하는 바를 종합하면 다음 두 문장으로 정리할 수 있다. 첫째, 일정 수준을 넘어서지만 않으면 돈이 많을수록 더 행복해진다. 하지만 가난한 나라나 모든 사람이 동일한 경제적 혜택을 누리는 곳에서는 그렇지 않다. 둘째, 소득 수준이 낮아질수록 돈보다는 의미와 목적을 통해 행복을 예측할 수 있다.

도대체 무슨 일이 벌어지고 있는 걸까? 이 정보를 어떻게 활용해야 디트릭 같은 사람들을 잘 이해하고 삶에서 만족감을 얻을 수 있을까? 첫 번째 과제는 상관관계와 인과관계의 차이를 인식하는 것이다. 카너먼과 디턴, 킬링스워스는 웰빙과 행복 사이에

‘상관관계가 있다’고 했는데 그 말은 사실일 수 있다. 하지만 이 건 둘 중 하나가 다른 하나를 ‘유발한다’는 뜻이 아니다. 연역적 으로 추정하자면 행복한 사람은 돈을 잘 벌거나 높은 소득을 얻 는 데 능숙할 수도 있다. 또 경제적으로 덜 발달된 나라에서는 행 복의 징후를 드러내는 걸 좋지 않게 여길 수도 있다. 두 가지 특 성이 서로 연관되어 있는 이유에 관해서는, 한쪽이 다른 한쪽을 유발한다기보다 여러 가지 다른 이유가 존재한다고 보는 게 적절 하다.

행복의 진실을 밝혀낸 85년간의 연구

상관관계와 인과관계의 경계를 넘으려면 더욱 강력하고 타당 한 증거를 찾아야 한다. 그러려면 개별적인 특성 두 가지를 연구 한 뒤에 그들의 관계가 유의미하다고 가정하기보다는, 한 가지 특성이 변화하기 전후에 사람들의 모습이 어떤지 조사한 다음 다 른 특성에서는 어떤 차이가 나타나는지 측정하는 편이 더 바람직 하다. 이렇게 결과를 실시간으로 추적하며 관찰하는 연구를 전향 적 연구라 하고, 과거를 되돌아보면서 데이터를 재구성하고 분석 하는 연구를 후향적 연구라고 한다.

상당수의 실험에서는 연구자가 의도적으로 변화를 일으킨 뒤에 그 결과를 기록하지만 부의 변화 같은 실험에서는 연구자가 직접 변화를 일으키기가 현실적으로 어렵다. 그런 이유로 해당 연구들은 급격한 변화가 발생한 후 사람들의 상태를 관찰하고 그 차이를 측정하는 방식으로 진행되어왔다. 이는 상관관계과 인과관계의 경계를 넘나드는 훌륭한 방법이다.

당연히 이미 이런 식으로 진행된 몇몇 연구들이 있다. 필립 브릭먼Philip Brickman의 유명한 연구에서 연구진은 복권 당첨자와 하반신 마비 사고를 당한 피해자들을 대상으로, 인생이 뒤바뀔 만한 사건을 겪고 수년이 지난 뒤에 이들의 모습이 어떤지 비교해보았다.[29] 놀랍게도 복권 당첨자들은 예상보다 더 불행했고, 사고 피해자들은 예상보다 행복했다. 연구진은 이런 결과가 나온 이유가 습관화에 있다고 설명했다. 한마디로 인간은 '과거의 기준'으로 돌아가는 경향이 있다는 얘기다. 최근에 이루어진 또 다른 연구에서는 1988년부터 2011년 사이에 스웨덴에서 복권에 당첨된 사람 400명을 추적 조사해 이러한 결과가 사실임을 확인했다.[30] 생활 평가에서는 어느 정도 득을 봤을 수도 있지만 전반적인 행복감이나 웰빙 수준은 통계적으로 차이가 없었다.

수십 년간 진행 중인 한 전향적 연구에서도 행복에 기여하는 요인을 찾기 위해 이런 중요한 질문을 계속해서 던지고 있다.

1938년에 시작된 '하버드 성인 발달 연구'는 다양한 경제적, 사회적 배경을 지닌 남성 724명을 10대 때부터 추적 관찰했다.[31] 연구진은 참가자들에게 2년에 한 번씩 정서적·정신적 웰빙에 관한 설문지를 작성하게 했고 그들의 가족과 연인들까지 인터뷰했다.

매우 장기간에 걸쳐 진행된 이 연구 결과는 매우 놀라웠다. 응답자들을 행복하게 하는 것은 돈이나 성취, 직업 선택, 운동, 건강한 식단이 아니었다. 85년간의 연구 결과, 이들의 전반적인 행복을 확실하게 예측해주는 유일한 요소는 '긍정적인 사회적 관계'라는 사실이 밝혀졌다. **다른 이들과 친밀한 관계를 맺고 있다고 느끼는 사람들은 남보다 더 오래, 더 행복하게 살았다.** 이게 이 연구의 결론이다.

앞서 제3장에서 인생이라는 게임이 끝날 때 우리가 얻을 수 있는 진정한 보상은 공동체와 관계라고 말했던 것을 기억하는가? 그게 바로 진정한 인생의 목적이다.

작은 목적으로 행복의 선순환을 일으켜라

지금까지의 데이터를 다 고려해보면 디트릭에게 해줄 수 있는 조언은 매우 명확하다. 많은 재산은 높은 수준의 정서적 웰빙이나 뛰어난 생활 평가와 상관관계가 있지만, 개인적인 차원에서는 그 결과가 별로 중요하지 않았다. 재산을 많이 모았다고 해서 누구나 다 행복해지는 건 아니다. 이건 복권 당첨자나 하버드 연구 참가자들도 마찬가지였다.

갈수록 명확해지는 사실 하나는 우리가 느끼는 행복이 결국은 타인과의 상호작용과 관련이 있을 가능성이 높다는 것이다. 이는 이스털린의 역설에서도 분명하게 드러난다. 어느 시점까지 우리는 자신과 가난한 사람을 비교하면서 높은 소득을 올리는 것에서 행복을 느낀다. 하지만 장기적으로는(특히 부의 격차가 더 커지지 않는 경우) 그 효과에 익숙해져서 결국 원래의 행복 기준으로 돌아가고 만다.

하버드 성인 발달 연구는 이스털린의 역설과는 다르게 훨씬 중요한 결론을 제시한다. 앞서 인용한 '긍정적인 사회적 관계'는 '공동체와의 연결'을 다르게 표현한 말일 뿐이다. 행복을 얻으려면 다른 사람들과 상호작용하는 게 최고의 방법이다. 남과 자신을 비교하는 방식이 아닌 동료애와 동지애를 발휘해서 말이다. 우리는 남을 돕거나 그들의 도움을 받을 때, 남을 보살피거나 그들의 보살핌을 받을 때, 누군가와 함께 미소 짓고 웃을때, 누군가를 가르치고 누군가에게서 배울 때 만족감을 느낀다.

이게 바로 선순환이다. 행복은 더 큰 의미와 목적을 낳고, 목적

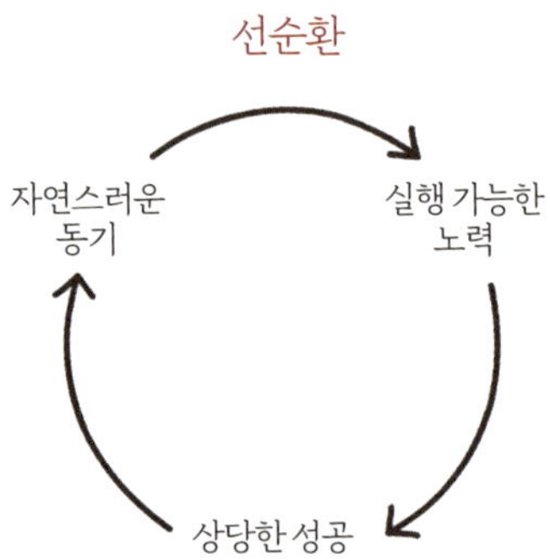

은 공동체와의 연결로 이어진다. 그리고 개인적인 연결과 사회적 관계가 더 큰 행복과 장수를 가져다준다.

이제 디트릭 같은 사람들에게 해줄 수 있는 조언은 명확해졌다. 더 많은 재산, 더 높은 소득은 직장을 그만두는 것보다 그를 행복하게 해주지 못한다. 쾌락 적응 때문에 그는 이런 경제적 기복의 영향에 익숙해질 것이다. 디트릭이 행복도를 높이고 싶다면 지속 가능한 사회적 상호작용을 많이 해야 한다.

사교 모임에 나가거나 가족과 함께 많은 시간을 보내거나 온라인 데이트 커뮤니티에 가입하는 등의 방법으로 이런 활동을 할 수 있다. 하지만 나는 이보다 좀 더 쉬운 해결책이 있다고 생각한다.

바로 '작은 목적'을 만드는 것이다. 디트릭이 목적의식을 추구하면 가장 진솔하고 의식적인 상태에서 본인과 생각이 비슷한 이들과 교류할 가능성이 높아진다. 암벽 등반을 배우든, 미시간 호수에서 보트 경주를 하든, 지역의 역사 학회에 가입하든, 이런 행동을 통해 자신과 같은 열정을 공유하는 이들과 연결될 수 있다. 때로는 학생이 되고 때로는 교사가 되어 자신의 기쁨과 좌절을 함께 나누는 것이다.

디트릭의 이야기가 해피엔딩으로 끝났다는 사실을 알면 당신도 기뻐하리라 생각한다. 그는 자기가 컴퓨터 프로그래머라는 직업은 싫어했지만 컴퓨터 프로그래밍 자체는 즐겼다는 사실을 깨달았다. 그래서 다시 회사에 취직하는 대신 어려움을 겪고 있는 중소기업의 소프트웨어 문제 해결에 전념하는 프로그래머와 해커들로 구성된 팀에 합류했다. 디트릭은 이 일을 하면서 본인처럼 복잡한 문제를 해결하는 데 열정을 품은 사람들을 만날 수 있었다. 끊임없이 더 크고 어려운 문제들을 해결해야 하는 과제가 생긴 디트릭은 일에 푹 빠져서 한밤중까지 키보드를 두드리곤 했다. 그는 팀에서 일하는 젊은 자원봉사자들의 멘토가 되었고 경험이 풍부한 멤버들에게 몇 가지 요령을 배우기도 했다. 금요일 밤이면 다들 동네 단골 술집에 모여 해피아워를 즐겼다.

결국 디트릭을 행복하게 해준 것은 부나 재정적 독립이 아니라 목적이었다. 그것도 세상을 바꾸는 대단한 목적이 아니라 동료들과 친해지고 어려움에 처한 사람들을 돕는 작고 조용한 목적 말이다. 목적은 그 많던 돈으로도 할 수 없었던 일을 해낼 수 있게 해주었다. 바로 사람들, 결국 그가 진심으로 사랑하게 된 사람들과 그를 연결해주는 일 말이다.

돈으로 채울 수 없는 것들

나는 마흔 살이 될 때까지 별다른 인맥이나 공동체 없이 살았다. 이유는 정확하게 모르겠지만 어릴 때는 학교나 사회생활에 적응하는 데 어려움을 겪었다. 고등학교를 졸업할 때쯤에서야 친구가 몇 명 생겼지만 그들과 공통된 관심사나 가치관을 바탕으로 한 진정한 유대감을 느끼지는 못했다. 그 후 소위 빅 텐Big Ten으로 불리는 스포츠와 학문으로 유명한 명문대 중 한 곳에 진학했지만 스포츠에 관심이 없었고 애교심도 부족했다. 친구들은 토요일 아침마다 풋볼 경기를 보러 갔지만 나는 홀로 법학 도서관에서 공부를 했다.

의사가 된다는 생각에 설레기는 했지만 의대 진학을 준비하는 동기들과 딱히 동질감을 느끼지는 못했다. 사실상 그들을 거의 피해 다녔다. 의대에 들어간 뒤에도 상황은 마찬가지였다. 관계가 오래 지속되는 친구는 거의 없었고 학교 바깥에서는 내가 수련 중인 의사라는 사실을 알리길 극도로 꺼렸다. 당시에는 아직 학위가 없어서, 혹은 자랑하고 싶지 않아서 그런 줄 알았다.

레지던트나 개업의가 된 뒤에도 상황은 비슷했다. 병원 휴게실에서 시간을 보내는 것도 싫고 외부인에게 내가 의사라는 사실을 알리는 것도 싫었다. 내가 유대감을 느낀 의사들은 의학 소셜 미디어 커뮤니티에서 만난 사람들뿐이었다. 그들은 대부분 나처럼 글쓰기와 사회 활동에 열정을 품은 블로거들이었다.

나는 이렇게 고립된 상태로 살아가는 데 별다른 의문을 품지 않았다. 타인과 깊은 사회적 관계를 맺고 있는 이들을 많이 알았지만 내가 왜 그들과 다른지는 설명할 수 없었다. 비사교적인 성격이라서 그렇거나 너무 바빠서 남들과 강한 유대감을 형성할 수 없다고 생각했다. 결혼하고 아이를 낳은 뒤에는 내게 필요한 공동체는 가족뿐이라고 스스로를 설득했다.

재정을 관리하는 방법을 배우지 않았다면 나는 이렇게 평생 고립된 채로 살아갔을지도 모른다. 직장을 그만둘 수 있을 만큼 돈이 모이자 앞서 얘기했던 것처럼 목적의 공백이 생겼다. 처음에는 돈으로 이 공백을 메우려고 했다. 돈만 많이 모으면 의료계를 떠날 수 있을 뿐만 아니라 행복도 얻게 되리라 생각했다. 부가 곧 행복으로 이어질 거라고 맹목적으로 믿었다. 그래서 더 많은 돈을 모을 방법을 계속 찾았지만 그 과정에서 아무런 기쁨도, 관계도 얻지 못했다.

난 그냥 돈만 많은 불행한 사람이 되어 있었다.

결국 내 삶을 돌아볼 수밖에 없었다. 필요 이상으로 많은 돈과 충족감을 느낄 만한 직업도 있었지만 공허감은 사라지지 않았다. 내게는 이 모든 게 인생을 사는 이유처럼 느껴지지 않았다. 그래서 결국 오랫동안 침묵을 지키도록 했던 작은 속삭임에 귀를 기울이기 시작했다. 앞서 소개한 생애 회고 질문을 던지면서 나의 어린 시절을 오랫동안 찬찬히 되돌아보았다. 일상의 스트레스에 압도된 상태였기에 내 삶뿐만 아니라 의사로서 하는 일에도 빼기의 마법을 적용하기 시작했다.

이런 깊은 숙고 과정을 통해 나는 모든 스트레스와 책임 속에는 숨겨진 기쁨이 존재한다는 사실을 깨달았다. 그중에서도 특히 눈에 띄는 활동이 두 가지 있었다. 내 구심점이 되어준 호스피스와 글쓰기였다. 나는 돈을 벌지 못하더라도 이 일을 계속할 터였다. 글쓰기라는 꿈 때문에 한밤중 잠에서 깨어나 다시 잠들지 못하는 일도 많았다. 아마 앞서 소개한 디트릭도 자기만의 코드를 만드는 일과 관련해 나와 똑같은 말을 하리라.

그렇게 나는 개인 재정 관리를 주제로 한 블로그를 시작했고 다양한 콘퍼런스와 모임에 등록했다. 그 과정에서 온라인상으로 많은 인맥을 쌓았고 그들과 현실에서 만나는 기쁨을 얻기도 했다. 10년 넘게 알고 지낸 의사 친구들보다 만난 지 몇 분 안 된 동료 블로거나 작가에게 더 친밀감을 느꼈다. 그러자 안도감과 동시에 부끄러움이 밀려왔다. 내게 문제가 없다는 사실에 안도하면서 그와 더불어 그동안 나 자신을 숨겨왔다는 사실에 부끄러움도 느꼈다. 내향적인 사람이라서가 아니라 의도적으로 어떤 목적을 추구하면서 사람을 만나본 적이 없었던 것이다. 의사인 나는 내게 잘 맞지 않는 정체성을 계속 숨기며 살았다. 이런 단절 때문에 주변 사람들과의 관계가 피상적이었고 내가 유대감을 형성하려고 애썼던 사람들과는 공통점이 거의 없었다.

몇 년이 지난 지금, 나는 현역 의사로 일할 때는 상상도 하지 못했던 삶을 살고 있다. 지금 사귄 친구들과는 함께 힘을 합쳐 일할 뿐 아니라 멀리 떨어진 곳에 사는 친구들을 방문하기도 한다. 정기적으로 참석하는 회의와 콘퍼런스도 있고 종종 공동 작업자와 멘토들을 만난다. 일정표는 내가 직접 선택한 활동들로 가득 차 있으며 나는 그 모든 활동을 즐겁게 하고 있다.

이제 내게도 공동체가 생겼다. 나는 전보다 더 깊고 자연스러운 방식으로 사람들과 관계를 맺으면서 하버드 성인 발달 연구에서 나온 결론을 몸소 실천하고 있다. 지금 함께 공동체를 이룬 새로운 친구들만큼 충만한 기분을 느끼게 해주는 은행 계좌나 투자 수익은 없다는 걸 경험을 통해 알게 되었다. 과거에는 결코 얻을 수 없었던 것들이다.

나는 지금 그 어느 때보다 행복하다. 그리고 돈 한 푼 들이지 않고 이런 행복을 얻었다.

돈은 문제의 해결책이 아닌 도구일 뿐이다

디트릭과 과거의 나처럼 돈이 문제의 해결책이라고 여긴다면 그건 잘못된 생각이다. 돈으로는 오직 돈 문제만 해결할 수 있다. 행복은 단순한 돈 문제가 아니다. 다들 속으로는 이 사실을 알고 있지만 가끔은 큰 소리로 말할 필요가 있다. 하지만 이 문제를 명확하게 이해하면, 어떤 경우에는 돈을 써서 삶을 나아지게 할 수도 있다는 사실을 깨닫게 될 것이다. 여기에는 미묘한 차이가 있다. 돈을 '도구'로 활용해서 버거운 집안일이나 자신에게 도움이 되지 않는 책임을 덜어내면 매우 긍정적인 효과를 얻을 수 있다. 그러나 돈을 쌓아두기만 해서는 이런 효과를 누리지 못한다.

돈이 부족해서 목적의식을 추구하지 못한다고 여긴다면 이 역시 잘못된 생각이다. 오늘날은 광활한 인터넷에서 클릭 몇 번만으로 헤아릴 수 없이 많은 정보를 얻을 수 있다. 무엇이든 배우고 어디든 탐색하고 누구하고든 소통할 수 있다. 거의 모든 지식에 대한 무료 온라인 자료가 존재한다. 방금 전까지 그랜드 캐니언을 탐험하다가 다음 순간 희귀한 은화의 등급을 '보통품'과 '미품'으로 나누는 차이가 무엇인지 탐구할 수도 있다. 이런 방대한 연결 능력 덕분에 린 스타트업이 탄생한 것이다. 과거와 달리 이제는 돈이 별로 없어도 기업가가 될 수 있다.

특히 아직 나이가 젊은데 생계를 위해 장시간 직장에 갇혀 있다고 느낀다면 '돈이 부족해서 목적의식을 추구하지 못한다'는 생각에 사로잡히기 쉽다. 하지만 그렇지 않다. 돈이라는 도구는 부족할지 몰라도 본인이 미처 알아차리지 못한 또 다른 도구가 있을 수도 있으니 말이다. 젊은이들은 넘치는 에너지와 자유 시간(자녀나 주택담보대출이 없는 경우), 열정과 공동체를 활용하면 된다. 이런 도구를 활용해서 삶의 목적을 달성하면 경제적 기회가 뒤따르기도 한다. 그러니 돈이 부족하다고 좌절할 필요는 없다.

자신과 타인의 부를 비교하는 것은 잘못된 행동이다. 남에게 뒤지지 않으려고 버둥대다 보면 항상 재앙이 따르기 마련이다. 왜냐하면 항상 당신보다 더 많이 가진 사람이 존재하기 때문이다. 당신이 언제나 맨 꼭대기에 있을 가능성은 낮다. 또한 격차를 계속 벌리지 않으면 비교의 즐거움은 사라진다. 우리는 기본적인 행복 수준으로 돌아가려는 경향이 있다. 욕망이라는 이름의 괴물은 항상 먹이를 요구하고 쳇바퀴는 끝없이 계속 돌아간다. 그러다 보면 결국 지쳐 쓰러져 다리가 부러질 수밖에 없다.

목표 지점을 계속 바꾸는 것도 잘못된 행동이다. 100만 달러만 있으면 행복해질 거라고 생각하다가 그 목표에 도달하면 자기가 정말 원하는 건 200만 달러라고 생각을 바꾸는 것 말이다. 우리가 목적에 투자하는 이유는 더 많은 목적을 얻기 위해서다. 더 많은 목적을 얻으려고 돈에 투자해서는 안 되며 그 반대도 마찬가지다. 그런 식으로는 아무것도 이루지 못한다.

마지막으로, 지금 돈을 많이 벌고 있으니 목적 추구는 좀 미뤄도 된다고 여긴다면 그것 역시 잘못된 생각이다. 우리는 힘든 일을 나중으로 미루는 데 매우 능숙하다. 큰 재산을 모으는 건 쉽지 않지만 그래도 확실히 인식할 수 있는 일이다. 우리는 저축하고 투자하는 방법, 좋은 직장을 구하거나 승진하는 방법, 기업에 투자하거나 사업체를 설립하는 방법을 알고 있으며 설령 모르더라도 이를 비교적 쉽게 배울 수 있다. 반면 인생의 목적을 찾는 일은 훨씬 어렵다. 이런 어려움 때문에 종종 이 중요한 일을 내일로 미루고 싶은 유혹이 든다. 그래서 더 많은 시간과 에너지, 돈이 생길 때까지 기다린다. 너무 늦어버릴 때까지 계속 기다리기만 한다. 그리고 결국 임종을 앞둔 상태에서 호스피스 의사에게 정말 중요한 일을 하지 못했다고 한탄하기에 이른다. 당신은 부디 그런 사람이 되지 않길 바란다.

나는 오랫동안 죽어가는 이들을 돌보고 또 어린 나이에 아버지를 잃은 경험을 통해 누구에게도 내일이 보장되어 있지 않다는 사실을 잘 알고 있다. 우리가 세상에서 보내는 시간은 제한되어 있고 대부분 직접 통제할 수 없다. 임종을 앞두고 돈을 더 많이 벌었더라면 좋았을 거라고 말하는 사람은 없다. 순자산에 너무 신경 쓰지 않았던 걸 후회하는 사람도 없다. 그들은 자신에게 중요했던 일들(목적)을 추구하지 않은 걸 후회한다. 비슷한 관심사를 지닌 사람들(공동체)을 만나지 못한 걸 후회한다. 가장 아끼는 사람들과의 유대감(관계)을 강화하지 못한 걸 후회한다. 다시 말해 더 행복해지지 못한 것을 후회한다.

부와 행복은 제로섬 게임이 아니다

지금까지 우리는 부를 축적하느냐 아니면 목적의식과 행복을 키우는 법을 배우느냐 중에서 하나만 선택해야 한다고 생각해왔다. 하지만 진실은 훨씬 희망적이다. 무엇보다 중요한 건 목적의식과 행복을 쉽게 추구할 수 있도록 충분한 물질적 부를 축적하는 것이다. 그러려면 본인의 재정 상황을 파악하고, 투자하는 법을 배우고, 경제적으로 도움이 되는 직업에 종사해야 한다.

다행히 이건 전부 가능하다. 어떤 사람은 자신의 목적의식에 부합하는 직업을 찾아서 부를 쌓아가는 과정을 마음껏 즐긴다. 또 어떤 사람은 나중에 목적 달성을 위한 여유 시간을 더 많이 확보하기 위해 일단 재정 상황부터 개선하려고 꽤 긴 시간을 희생한다. 그리고 처음에는 자신이 좋아하지 않는 일부터 시작해서 점점 잘 맞는 직업으로 발전시켜나가는 이들도 많다. 심지어 부업이나 취미로 시작한 사업이 결국 생계 수단이 되기도 한다. 이런 목적 있는 삶을 만들어가는 방법은 전적으로 본인에게 달려 있다. 핵심은 필요한 자금을 마련해야 한다는 것이다.

지금까지 우리는 목적을 정의하고 작은 목적이 행복으로 가는 길에서 어떤 역할을 하는지 자세히 다뤘다. 이어질 제2부에서는 '의미'의 힘과 '등반'이라는 과정을 통해 목적을 실현하는 방법을 심층적으로 다룰 예정이다.

인생의 변화를 위한 목적 처방전: 물건들 점검하기

- 다음 주에 한 시간씩 두 번, 따로 일정을 비워두자. 가능하면 전자 기기를 전부 끄거나 휴대전화를 무음으로 설정해두고 방해받지 않을 조용한 장소를 찾아보자. 이 연습은 집에 아무도 없을 때 하는 게 가장 좋다.
- 잠시 긴장을 풀면서 잡념을 떨쳐낸 다음, 자리에서 일어나 집의 모든 방과 구석구석을 돌아다닌다. 옷장을 전부 열어보고 지하실이 있다면 지하실에도 들어가 본다. 너무 서두르지도 말고 너무 꾸물거리지도 말자.

한 가지 물건이나 방에 집중할 필요는 없다. 그냥 마음을 열고 현재 상태를 받아들이자.

- 10분 뒤, 처음 연습을 시작한 조용한 공간으로 돌아간다. 눈을 감고 긴장을 푼 다음 다시 마음을 비워보자. 하루 종일 끈질기게 당신을 괴롭히던 생각을 모두 밀어내야 한다.

- 심호흡을 몇 번 한 다음, 방금 지나온 공간에 있는 물건들 가운데 가장 비싼 물건 다섯 가지를 떠올린다. 그 물건을 살 때 느꼈던 기쁨을 생각해보자. 그 기쁨은 얼마나 오래 지속되었는가? 지금 우연히 그 물건이 눈에 들어오면 여전히 그때처럼 큰 기쁨을 느끼는가? 이건 뭔가에 대한 평가가 아닌 인식을 높이기 위한 연습이다.

- 물질적인 소유물에 관해 몇 분 더 생각한 다음, 집 안을 돌아다닐 때 본 물건들과 관련하여 자신의 삶에서 가장 중요한 다섯 사람을 떠올려보자. 지난번에 어머니와 함께 여행 갔을 때 자유의 여신상 앞에서 찍은 사진이 있을 수도 있고 좋아하는 멘토가 선물한 책이 있을 수도 있다. 아니면 오래 사귄 연인이 기념일에 선물한 보석이 있을지도 모르겠다.

- 지난 몇 년 동안 그들에 대한 당신의 감정이 어떻게 변했는지 생각해보자. 사랑과 열정이 커졌는가 아니면 줄어들었는가? 그 감정은 고정되어 있는가 아니면 계속 변하는가? 이 생각을 물질적 소유물에 관한 생각과 비교하면 어떤가?

- 마지막으로, (사람을 제외하고) 무엇을 봤을 때 삶의 목적과 행복을 떠올리게 되는가? 사무실 선반에 놓아둔 최고의 프로그래머 상인가? 거실에 멋지게 전시해놓은 사인 컬렉션인가? 제작에서 색칠까지 꼬박 1년이 걸린 모형 비행기인가?

- 다시 말하지만 이 질문에는 정답도, 오답도 없다. 당신 삶에서 무엇이

목적의식을 느끼게 하는지, 그리고 그것에 대한 당신의 감정이 커졌는지 아니면 변했는지 생각해보는 게 중요하다. 이런 것들이 여전히 마음을 따뜻하고 행복하게 해주는가?

- 이런 다양한 범주에 대한 감정을 비교한 다음, 휴대전화나 컴퓨터를 켜고 돈이 가장 많이 들어 있는 은행 계좌를 살펴보자. 내가 갑자기 당신 계좌에 100만 달러를 입금했다고 상상해보라. 그러면 물질적 소유물, 주변 사람들, 목적의식에 대한 감정이 어떻게 변할까?

돈이 더 생긴다고 해서 과연 행복해질지 확신이 서지 않는다면, 이제 제2부로 넘어가 행복에서 의미가 하는 역할을 정의하고 작은 목적을 구체적인 행동으로 옮기는 방법을 알아보는 게 좋겠다. 제5장에서는 등반의 첫걸음을 내딛게 될 것이다.

목적을 행동으로 다시 써라

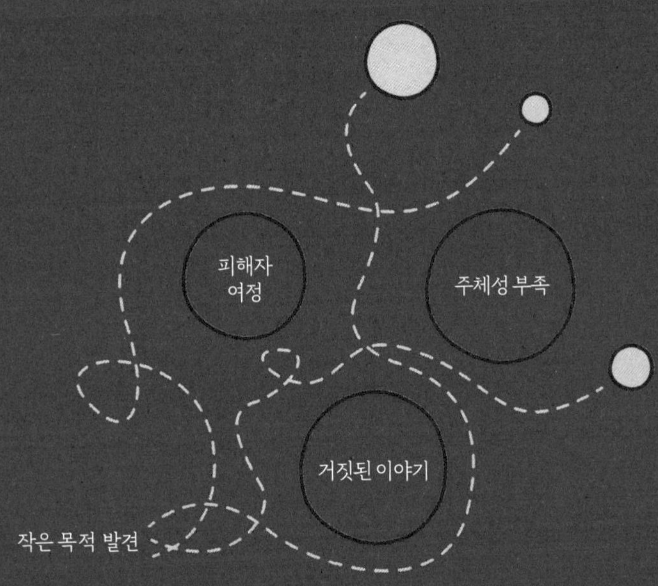

피해자
여정
주체성 부족
거짓된 이야기
작은 목적 발견

행복은 삶의 의미이자 목적이며 인간 존재의 궁극적인 목표
이자 종착점이다.

– 아리스토텔레스

행복의 진정한 의미는 무엇일까? 그리고 행복은 정말 우리가
진정으로 추구해야 할 목표일까?

이 책의 제1부에서 우리는 목적이 가진 역설에 대해 살펴보았
다. 우리가 추구하는 유형의 목적은 불안과 고통으로 이어질 수
있다. 실패하기 쉬운 크고 대담한 목표를 추구하다 보면 스스로
가 큰 목적의 희생자가 되기도 한다. 반면 최종적인 목표를 염두

에 두지 않고 과정을 즐기는 활동, 즉 작은 목적에 투자하면 장수
와 건강, 행복을 얻을 수 있다.

결국 선택은 각자의 몫이다.

이어질 제2부에서는 아리스토텔레스가 말한 '행복'의 개념을
완전히 새롭게 정의할 생각이다. 의미와 목적이라는 구성 요소는
같지만 이를 추상적인 개념이 아닌, 매일 실천 가능한 일상적인
행동으로 전환해볼 것이다.

의미와 목적은 종종 같은 뜻으로 쓰이지만 실제로 이 둘은 다
르다. 의미는 '과거에 대한 인지적 해석'인 반면, 목적은 현재와
미래에 어떤 행동을 해야 할지 '방향을 제시하는 기준점' 같은 것
이다. 결국 우리에게는 이 두 가지가 모두 필요하다.

여기에서는 우리가 '자신에게 들려주는 이야기'라는 관점에서
의미를 탐구할 것이다. 스스로가 이 여정의 주인공이 되면 과거
는 견딜 만해지고 미래는 가능성으로 무한해진다. 하지만 우리는
피해의식과 무력감이 담긴 이야기를 자신에게 들려주는 경우가
많다. 그 이유가 무엇인지도 제2부에서 자세히 살펴볼 예정이다.

그리고 마지막으로 '등반'이라는 개념을 소개하고자 한다. 등
반은 제1부에서 작은 목적에 관해 알아낸 사실들을 더 행복하고
건강한 삶을 만드는 데 적용할 수 있도록 도와주는 틀이다.

제5장

인생은 팩트가 아닌 스토리로 정의된다

의미와 목적은 행복이라는 동전을 이루는 양면이다.

의미는 인식과 생각을 연결하고 과거를 이해하는 능력에 초점을 맞춘다. 즉 행동보다는 '생각'이 중심이다. 우리는 자기 삶에 관한 이야기를 통해 삶을 견딜 만하게 만들거나, 한 걸음 더 나아가 마법처럼 만들기도 한다. 의미를 갖는다는 건 자신이 모험의 주인공이 되는 방향으로 과거를 해석함을 뜻한다. 행복한 사람들은 인생의 고난을 지금보다 더 괜찮은 삶으로 나아가기 위한 디딤돌로 해석하는 경향이 있다. 반면 불행한 사람들은 과거를 통제할 수 없다고 여기면서 스스로 피해자가 되기를 선택한

의미는 인식과 생각을 연결하고 과거를 이해하는 것에 초점을 맞춘 과정이다.

다. 이런 피해의식은 불안하고 불안정한 미래, 즉 불행을 야기한
다. 다시 말해 인생에서 중요한 건 좋은 일이 일어나느냐 나쁜 일
이 일어나느냐가 아니다. 그걸 어떻게 해석해서 삶이라는 이름의
태피스트리(실을 촘촘히 엮어 만든 직물 공예—옮긴이)를 엮어 가느
냐다.

한편 목적은 '행동'에 초점을 맞춘다. 의미와 다르게 목적은 현
재와 미래를 지향한다. 현재에 머무르는 동시에 미지의 세계로
자신을 투영하는 것이다.

의미와 목적의 차이를 확실히 이해할 수 있도록 호스피스 병동
에서 내가 만났던 한 남매의 이야기를 들려주고자 한다.

함께 태어났지만 다른 인생을 산 쌍둥이

칼라는 유방암과의 오랜 싸움 끝에 생의 마지막을 향해 가고
있었다. 쌍둥이 오빠인 미구엘은 칼라의 곁에 머무르면서 마지막
까지 그녀를 돌봐주었다. 두 사람은 쌍둥이 남매로서 평생을 함
께해왔지만, 칼라는 매우 행복했고 미구엘은 그렇지 못했다.

어느 조용한 아침, 칼라와 나는 함께 생애 회고를 진행했다. 칼
라의 설명에 따르면, 그녀의 인생은 기적과 비극으로 시작되었

다. 칼라와 미구엘은 너무 일찍 세상에 태어났다. 부모님이 살던 도심 빈민 지역에는 의사나 병원이 없어서 조산사 혼자 출산을 도왔다. 칼라와 미구엘은 온갖 악조건 속에서도 건강하게 태어났지만 어머니는 힘든 분만을 견뎌내지 못했다.

이건 인생에서 일어날 수 있는 수많은 비극 가운데 가장 큰 비극일 수도 있지만(객관적으로 봐도 그랬다) 칼라는 그렇게 생각하지 않았다. 칼라는 이 일을 자신과 쌍둥이 오빠가 세상에 나올 수 있도록 어머니가 치른 최고의 희생으로 여겼다. 그리고 이런 희생은 그녀가 자라면서 한 거의 모든 일에 영향을 미쳤다. 칼라는 자신이 특별한 존재라고 느꼈다. 마치 온 우주가 그녀가 살아남고 성장할 수 있도록 힘을 모아준 것만 같았다.

그렇게 칼라는 남다른 자부심과 소속감을 안고 자랐다. 집에는 늘 돈이 부족했지만 가난이 하고 싶은 일을 하는 데 방해가 된 적은 없었다. 아버지는 장시간 일하느라 집에 거의 없었지만 오히려 그 덕분에 쌍둥이는 독립적이고 유능한 아이로 성장할 수 있었다. 아버지가 쉬는 날이면 그들은 함께 동네 카니발에 가거나 현관에 앉아 사람 사는 모습을 구경하며 즐거운 시간을 보냈다. 좋은 동네에 살지는 않았지만 범죄와 절도 피해는 거의 입지 않았다. 집에 도둑맞을 만큼 비싼 물건이 하나도 없긴 했지만 말이다.

어머니의 희생을 통해 느낀 소속감과 무조건적인 사랑은 칼라에게서 강한 자존감과 자신감으로 나타났다. 그 동네의 공교육은 그리 훌륭하지 않았지만 칼라는 필요한 교육을 받고 가족들 가운데 처음으로 대학에 진학했다. 칼라는 대학에서 자신을 친절히 대해주는 남자를 만났고 결국 그와 결혼했다.

비록 남편은 일찍 세상을 떠났지만 그래도 두 사람은 수십 년간 함께 가정을 꾸리면서 아들 둘과 딸 하나를 뒀다. 칼라는 아주 훌륭한 엄마였다. 그녀는 자신의 어머니가 자신에게 쏟았을 법한 사랑, 아이들을 낳으려고 끝까지 애쓰다가 목숨을 잃은 한 여성의 무조건적인 사랑을 아이들에게 쏟아부었다.

임종이 가까워오면서 칼라는 쌍둥이 오빠, 죽은 뒤에 다시 만나기를 바라는 남편, 그리고 자라서 자기 가정을 꾸린 사랑스러운 아이들에게 고마움을 느꼈다. 그녀를 둘러싼 집과 침실의 물건들은 깊은 의미를 지니고 있었고 기억과 즐거운 경험으로 가득 찬 삶을 상징했다.

칼라는 마지막 며칠 동안에도 매일 아침 마법 같은 일이 일어날 거라는 희망과 기대를 품으며 눈을 떴다. 과거는 서곡일 뿐 그녀는 남은 인생의 작은 조각들도 지금까지 살아온 삶만큼이나 즐겁고 흥미로울 거라고 여겼다.

그렇게 칼라는 평화롭게 세상을 떠났다.

터널 속에 갇혀 있을 것인가, 그 끝의 빛을 볼 것인가

칼라가 세상을 떠나기 전날, 나는 미구엘에게서 쌍둥이 여동생의 죽음을 바라봐야 하는 오빠의 심정에 대해 듣게 되었다. 우리는 가족을 떠나보내는 슬픔과 평화로운 죽음을 바라는 마음에 대해 잠시 이야기를 나누었다. 그러던 중 내가 칼라와 함께 그녀가 어린 시절에 겪은 어려움을 되돌아보았다는 얘기를 꺼냈다. 그런데 뒤이은 미구엘의 대답에 나는 깜짝 놀라고 말았다.

"하, 정말 힘들었죠. 우리가 살아남은 게 신기할 정도입니다. 하지만 칼라는 항상 나보다 수월하게 이겨냈어요!"

그렇게 그는 30분 동안 어린 시절에 대해 칼라와 전혀 다른 이야기를 들려주었다. 미구엘의 말에 따르면, 어머니가 돌아가신 뒤 아버지는 깊은 우울증에 빠졌다. 제대로 일을 할 수조차 없어서 간신히 들어간 직장에서도 맨날 해고당하기 일쑤였다. 그들 가족은 가난하게 살았고 먹을 음식이 부족해서 배를 주리며 지낸 날도 많았다. 어머니가 돌아가신 이유 중 하나는 너무 가난해서 정기적인 검진비를 감당할 수 없었기 때문이었다. 그들이 살던 동네는 험난했다. 조직 폭력배들의 위협이 너무 심해서 집 밖에 나가기도 두려웠던 날에는 학교에도 갈 수 없었다. 학교에 가도 책이 부족했고 좌절감에 빠진 교사들은 학생들에게 무관심했다.

미구엘은 덫에 걸린 기분이었다. 칼라가 동네 아이들을 돌보면서 돈을 버는 동안 그는 지역 마약상 밑에서 일했다. 벌이는 괜찮았지만 그는 10대 시절 대부분을 감옥에 드나들며 보냈다. 세월이 흐르고 마침내 새롭게 살아보기로 결심했지만 그의 지저분한 과거 때문에 제대로 된 직장을 구할 수 없었다. 그는 연애에 여러 번 실패했고 여러 여성들과의 사이에서 몇 명의 자녀를 두었을 뿐 가족을 이루진 못했다.

"어머니는 돌아가시고 아버지는 거의 없는 거나 마찬가지인 상황에서 괜찮은 부모가 되는 법을 어떻게 배울 수 있었겠습니까?"

미구엘은 자신과 쌍둥이 여동생이 살아온 삶의 차이를 설명할 수 없었다. 거의 똑같은 유전자를 이어받고 똑같은 환경에서 자랐지만 칼라는 모든 걸 잘 해내는 듯했다. 칼라는 힘든 상황에도 쉽게 적응했지만 미구엘은 계속 곤경에 처했다. 미구엘은 동생을 질투하지는 않았지만 그가 자신에게 들려준 이야기는 늘 피해의식으로 가득했다. 그는 늘 자기보다 인생을 훨씬 쉽게 살아온 것처럼 보이는 여동생에 대한 애정 때문에 힘겨워했다.

"칼라는 그저 운이 좋았을 뿐이에요!"

인생은 기억이 아닌 해석으로 이루어진다

미구엘과 칼라의 관점 차이를 이해하려면 행복에서 의미가 어떤 역할을 하는지 이해해야 한다. 목적과 달리 의미는 과거에 매우 집중한다. 의미란 우리가 자신에게 들려주는 이야기와 그 이야기에 부여하는 '중요성'이다. 그 이야기가 꼭 정확하거나 사실일 필요는 없다. 오히려 과거 기억에 나의 생각과 감정, 의도를 덧붙이는 게 건전할 수도 있다(물론 미구엘의 사례처럼 나의 생각과 감정이 유해한 영향을 미칠 가능성도 있다).

칼라와 미구엘의 과거 이야기가 이토록 다른 이유는 둘 중 한쪽이 과거 일을 더 정확하게 기억하고 있기 때문일까? 아마 그렇지는 않을 것이다. 기본적인 사실과 시간 순서는 일치할 가능성이 높다. 하지만 두 사람에게는 '해석'의 차이가 있었다. 칼라는 자신에게 승리와 극복의 이야기를 들려주는 쪽을 택했다. 그녀는 자기 삶의 어려운 측면(어머니가 없고 가난하게 자랐으며 아버지의 보살핌을 받지 못한 것 등)을 인지하고 있었지만 이걸 장애물이 아닌 디딤돌로 해석했다.

당신도 같은 경험을 해본 적이 있는가? 인생에서 가장 끔찍했던 시기를 떠올려보자. 지금의 자신을 그 일의 희생자라고 여기는가, 아니면 불가능을 극복한 용감한 영웅이라고 생각하는가?

미구엘은 자신을 희생자로 여겼다. 그는 자신에게 불공평한 인생 이야기를 들려줬다. 그는 불운한 환경에서 태어났고 성공에 필요한 도구를 전혀 갖추지 못했으며 처음부터 저주받은 인생이었다. 한마디로 매우 좌절했다. 그는 과거를 통제할 수 없는 대상으로 여겼다. 미구엘에게는 주체성이 부족했다. 그는 자기 삶에 상실과 상처, 불공평이라는 의미를 부여했다.

반대로 칼라는 자신을 신화 학자 조지프 캠벨Joseph Campbell이 말한 '영웅 여정'의 중심 인물로 여겼다.[32] 칼라가 자신에게 들려준

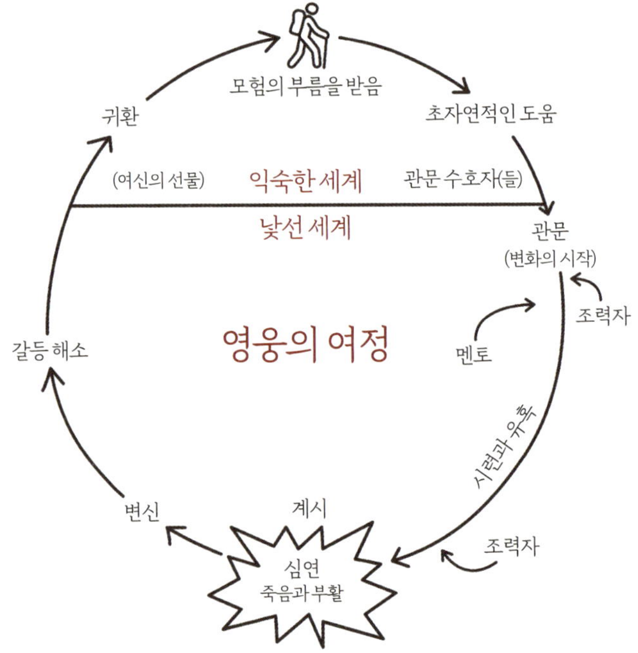

이야기를 살펴보면 그녀는 인생 행로를 헤쳐가는 도중에 종종 심연에 빠졌다. 그러나 이런 경험은 칼라를 변화시켰고, 결국 그녀는 전보다 더 강하고 유능하고 이해심이 풍부한 모습으로 심연에서 빠져나왔다. 그래서 칼라는 생의 마지막 순간에도 얼마 남지 않은 미래를 행복하고 낙관적으로 바라봤다. 칼라는 과거의 어려움을 극복했을 뿐만 아니라 예상치 못한 방식으로 성공했다. 그리고 평화를 누렸다.

미구엘의 이야기는 피해의식에 초점을 맞추고 있다. '피해자 여정'이라고 부를 수 있는 이런 이야기 속에서는 우리가 통제할 수 없는 힘이 우리의 모습을 형성한다. 따라서 두려움과 불안을 안고 미래를 바라볼 수밖에 없고 당연히 미래가 가져올 사건들을 매우 부정적인 시각으로 예상한다. 그래서 미구엘은 칼라가 느낀 평화를 전혀 느끼지 못했다. 그는 철저히 불행했다.

길이 구부러져 있어도 여정은 계속된다

나는 미구엘보다 칼라에게 더 공감하는 편이다. 나도 내 삶에 크나큰 영향을 미친 세 가지 주요 장애물과 씨름했던 적이 있다. 일곱 살 때 아버지가 갑자기 돌아가셨고 읽기 능력에 심각한 지장을 준 학습 장애를 겪었다. 그리고 비교적 비슷한 사람들로 이루어진 공동체 안에서 종교적인 아웃사이더로 태어나 오랫동안 놀림과 괴롭힘을 당했다.

내 시련과 고난이 칼라나 미구엘보다 심했을까? 나는 의사로 일하면서 수천 명의 환자를 돌보는 동안 그런 건 전혀 중요하지 않다는 걸 깨달았다. 아무런 상처도 없이 세상을 살아갈 수 있는 사람은 없다. 모든 사람의 트라우마가 그들 각자에게 지대한 영향을 미치는 이유는 그것보다 더 나쁘거나 다른 경험을 해본 적이 없기 때문이다.

칼라와 나는 둘 다 부모님의 죽음으로 고통받았다. 칼라는 아버지가 아닌 어머니가 돌아가셨다. 태어나는 순간에 돌아가셨으니 나보다 더 고통스러웠을까? 누가 알겠는가. 나는 이런 상황 가운데 하나만 겪었지만 그 충격은 칼라의 트라우마만큼이나 내게 큰 의미가 있다. 애초에 우리의 고통은 비교 대상이 아니다.

중요한 건 개인적인 트라우마의 심각성이 아니라 그와 관련해 우리가 자신에게 들려주는 이야기다. 나는 학습 장애가 있었음에도 불구하고 아버지의 죽음을 겪은 뒤 의사가 되어야겠다고 결심했다. 또 아버지의 죽음은 내가 결국 호스피스 의사가 된 이유이기도 하다. 아버지가 돌아가실 때 마지막 순간까지 나와 가족을 도와줄 사람이 아무도 없었기 때문이다. 이제 나는 바로 그 역할을 할 수 있다.

이 얼마나 마법 같은 일인가.

의사 일을 하다가 생긴 번아웃은 가슴 아픈 일이 아니라 기적에 가까웠다. 그 경험 덕분에 투자에 대해 공부하면서 재정적 자립을 위한 공동체를 찾아낼 수 있었다. 그 공동체에서 가장 소중한 친구들을 사귀었을 뿐만 아니라 협력적이고 창의적인 관계도 맺었다. 정체성 혼란이라는 심연에 빠진 경험이 나의 첫 책《테이킹 스톡》의 핵심 주제가 되었다. 힘겨운 시간을 보내기는 했지만 나는 내 여정을 고난이라고 생각하지 않는다. 나는 예상치 못하게 찾아오는 삶의 굴곡에서 아름다움을 깨닫는다. 성장을 확인하고 행복을 찾는다.

학습 장애도 마찬가지다. 학습 장애를 경험한 덕분에 나는 인생에 대해 많은 걸 배웠다. 이런 경험을 할 수 있었던 것이 정말 축복이라고 생각한다. 어머니는 내가 가장 도움이 필요한 시기에 즉각적인 답과 방향을 제시해주었다. 초등학교 1학년 때 담임 선생님은 어디서 어떻게 도움을 받아야 하는지 조언해주셨다. 내가 다니던 학교에서는 두 명의 개별 지도 교사와 학습 장애 전문가를 붙여주었다. 이들은 우리 집에서 따로 고용한 과외 선생님과 함께 나의 성장과 학습에 도움이 되는 맞춤 교육 과정을 개발했다.

난 정말 운이 좋았다.

나는 결국 글 읽는 법을 배웠을 뿐 아니라 앞으로 인생에 도움이 될 많은 경험들을 했다. 바로 실패에 익숙해진 것이다. 학교에서도, 스포츠 활동에서도 실패했고, 나이가 든 뒤에는 연애에서도 실패했다. 하지만 학습 장애를 극복한 경험 덕에 나는 실패란 더 나은 일을 이루기 위한 자연스러운 토대라고 생각하게 되었다. 실패가, 내가 직면하게 될 최악의 상황이라면 정말 어려운 일을 시도해보는 것도 괜찮겠다는 생각이 들었다. 그래서 내게 실패는 자연스럽고 예상 가능한 일일 뿐만 아니라 긍정적인 것이다. 내가 되풀이하는 다른 모든 이야기와 마찬가지로 그 이야기도 세월이 흐르면서 내게 큰 힘이 되었다.

종교 문제와 관련해서는 공동체 안에서 따돌림당하는 게 솔직히 편하지는 않았다. 어릴 때 종교에 몰두한 적은 없었지만 다른 아이들은 내가 그들과 다르다는 것을 알고 있었다. 그래서 날 무자비하게 놀렸다. 형은 다른 아이들과 주먹다짐을 벌였지만 나는 대부분 소외되고 무시당했다. 초등학생 시절에는 정말 힘들었던 기억이 난다.

하지만 이런 무시는 내가 새로운 자립심과 방향성을 새기는 명판이 되었다. 난 이 시기에 독서, 운동, 그리고 지금도 여전히 좋아하는 여러 가지 자기 주도적 활동에 대한 애정을 키웠다. 평등과 형평성에 대한 믿음도 이 시기에 형성되었다. 종교 때문에 따돌림과 괴롭힘을 당했던 경험은 남과 다르다는 이유로 사회에서 소외되는 이들에 관한 새로운 통찰과 공감을 안겨주었다. 난 사회적 양심을 키웠고 그 양심은 오늘날에도 팟캐스트 게스트와 주제를 선택할 때 분명하게 드러난다.

내가 스스로에게 들려주는 이 이야기는 끊임없이 진화하고 바뀐다. 삶의 새로운 단계가 시작될 때마다 나는 미래를 바라보면서 동시에 과거를 되돌아본다. 과거를 어떻게 재해석해야 현재와 미래를 이해하고 성장할 수 있을까? **어떻게 해야 길이 구부러지는 방향과 상관없이 계속해서 내 인생 여정에서 피해자가 아닌 영웅이 될 수 있을까?**

이런 스토리텔링 습관은 칼라와 나 같은 사람뿐만이 아닌 모든 이들에게 매우 중요하다.

어제의 고난이 내일의 행복이 되려면

스토리텔링을 통해 의미를 부여해서 얻을 수 있는 이점은 학술 문헌에도 잘 기록되어 있다. 사례가 셀 수 없이 많은데 그중 한 연구에서는 **개인 서사**personal narrative 와 웰빙의 연관성을 탐구했다.[33]

연구진은 다음과 같은 네 단계 과정을 거쳤을 때 웰빙 예측의 성 공률이 점점 높아진다는 걸 알아냈다.

- 개인 서사 탐구
- 개인 서사 성찰
- 개인 서사 변경
- 개인 서사 공유

이 과정은 우리를 취약하게 만들지만 동시에 배우고 성장하는 데 많은 도움을 준다. 즉 이 과정을 통해 우리는 과거의 고난에 의 미를 부여하고 결론을 좀 더 긍정적인 방향으로 다듬을 수 있다.

파멜라 러틀리지Pamela Rutledge가 《긍정 심리학 탐구》Exploring Positive Psychology라는 책 에서 말한 것처럼 "가장 중요한 건 스토리 텔링이다."[34] 스토리텔링, 즉 서사는 우리가 세상을 인식하고 의 미를 만들어가는 방식의 근간이다. 우리가 인식하든 인식하지 못 하든 우리가 하는 모든 일의 중심에는 이야기가 있다. 그 이야기 를 어떻게 풀어내느냐에 따라 기분과 자아상, 타인에게 미치는 영향이 결정된다. 또한 이야기는 우리의 미래와 성공을 좌우하기 도 한다. 따라서 스토리텔링을 이해하는 건 자기 인식과 함께 타인과의 관계를 돌아보는 일일 뿐 아니라 변화를 이끌어내는 좋은 출발점이 되기도 한다.

자신의 삶을 통제할 수 있었던 시기에 관한 이야기, 특히 회복에 관한 이야기를 하면 기분이 나아진다는 점이 여러 실증 연구를 통해 갈수록 확실해지고 있다.[35] 실제로 대부분의 상담 치료나 정신 분석은 트라우마를 안겨준 사건을 보다 건설적인 방식으로 해석할 수 있도록 이야기를 반복해서 전달하는 데 기반을 둔다.

서사 스토리텔링의 달인이 되면 무수히 많은 이점을 얻을 수 있다.[36] 이야기 속 등장인물(본인 포함)과 유대감을 느끼면 공감 능력과 관련이 있다고 알려진 옥시토신oxytocin이라는 신경호르몬이 급증한다. 자기 자신의 이야기를 할 때는 더 깊은 내면과 연결되면서 자기 공감 능력이 커진다. 또 자신에 대한 이야기가 성공을 쌓아가고 실패를 극복하는 데 도움이 된다는 연구 결과도 있다. 청소년을 대상으로 한 연구를 보면 새롭게 쓴 개인 서사가 학업 성취도에 여러 가지 긍정적인 영향을 미치기도 한다.[37]

피해자가 아닌 영웅이 되기를 선택하라

다행히 자신의 이야기를 바꾸거나 과거에서 파생된 의미를 보다 잘 인식하는 것은 얼마든지 가능하다. 실제로 문제가 있는 인생 이야기를 바꾸고, 과거 자신을 가로막았던 장애물을 극복하도록 도움을 주는 이야기 치료 기법이 현장에서 쓰이곤 한다. 이런 치료법을 살펴보면 칼라와 미구엘이 자신들의 어린 시절과 상황을 왜 그토록 다르게 해석했는지 조금은 이해할 수 있다. 또 아버지의 죽음과 학습 장애가 내 미래의 성취를 저해하는 요인이 아니라 오히려 동기 유발 요인으로 작용한 이유도 분명하게 알 수 있다.

이야기 치료라는 개념은 1980년대에 마이클 화이트Michael White와 데이비드 엡스턴David Epston이 처음 소개했다. 이야기 치료는 개인의 실수, 힘든 사건, 살면서 마주친 상황 등을 그 사람에 대한 도덕적 평가와 분리하는 걸 목표로 삼는다. 다시 말해 좋은 사람에게도 나쁜 일은 자주 일어날 수 있다. 개인의 가치는 가장 힘든 순간이나 실수로 정의되는 게 아니다.

이야기 치료는 개인과 문제를 분리하는 걸 목표로 하는 치료의 한 형태다.

이야기 치료에는 여러 가지 측면이 있는데 일반적으로 다음과 같은 단계를 거친다.[38]

- 자신의 이야기를 이해한다.
- 가장 두드러지는 부정적인 이야기를 해체한다.

- 이야기를 관리하기 쉬운 크기로 나눈다.

- 시야를 넓혀서 더 건전한 스토리라인을 받아들인다.

- 이야기를 자신의 정체성과 분리시켜서 외연화한다.

- 이야기를 재구성해서 더 많은 의미와 목적을 부여한다.

이러한 과정은 미구엘 같은 사람에게 매우 유익하다. 어린 시절 이야기를 하나하나 글로 써보면 자신이 정확히 어떤 일을 겪었는지 잘 이해할 수 있다. 그런 다음 피해의식이나 통제와 관련된 부정적인 서사를 해체한다. 어쩌면 그는 이야기를 더 작고 관리하기 쉬운 덩어리로 나누고 싶을지도 모른다. 어머니의 죽음에서 시작해 가난하게 자란 일이나 마약 판매에 연루된 경험으로 이어질 수 있다. 미구엘이 자신의 이야기를 재평가하기 시작하면 어린 시절에 대한 관점이 넓어지고 어머니의 죽음과 자신이 견뎌낸 가난이 '손상된 정체성의 일부'가 아니라 '외적인 현실'이었다는 사실을 깨닫게 될 것이다. 그렇게 마지막 단계에 이르면 그는 훨씬 영웅적이고 자기 공감적인 과거 경험을 담아 이야기를 재구성할 수 있다.

이게 바로 칼라가 자신의 과거 이야기를 다시 쓸 때 선택한 방법이다. 제2부의 시작 부분에 나온 아리스토텔레스의 명언처럼 행복은 삶의 의미이자 목적이다. 칼라는 본인의 인생 이야기가 마법처럼 느껴지도록 이야기를 되풀이하면서 의미를 창출해냈고, 과거의 자기 이미지를 본뜬 영웅을 만들었다. 하지만 의미는 방정식의 절반, 즉 동전의 한쪽 면에 불과하다. 진정한 행복에는 목적도 필요하다. 물론 내가 여기서 말하는 목적은 불안감을 불러일으키는 목적이 아니라 삶을 긍정하면서 연장시키는 작은 목적이다.

오직 나만이 새로운 엔딩을 쓸 수 있다

이 장 서두에서 말한 것처럼 의미와 목적은 행복이라는 동전의 양면이다. 지금까지는 의미의 개념과 그것이 행복과 어떤 연관성을 가지는지에 초점을 맞춰왔지만, 다음 장에서 이 문제를 본격적으로 탐구할 것이다. 그 전에 잠시 목적 문제로 돌아가 보자. 이제 두 가지 크기의 목적에 관한 논의에서 벗어나(지금부터는 작은 목적에 대해서만 이야기할 것이다) 행복을 이루는 데 있어 목적이 왜 그토록 중요한지 이야기해보겠다.

앞서 얘기했듯이 의미는 과거에 초점을 맞춘다. 우리는 더 나은 현재와 미래를 만든다는 매우 구체적인 목적을 염두에 두고 좋은 기억과 나쁜 기억, 성공과 트라우마를 모두 재해석한다. 그렇게 의미와 씨름해서 얻을 수 있는 가장 큰 이점은 '현재'에 집중할 수 있다는 점이다. 현재, 나아가 미래에 집중하는 것은 결국 목적과 관련이 있다. 그것이 바로 우리가 미래를 향해 자신을 투영하는 방식이기 때문이다. 그래서 목적은 본질적으로 행동 지향적이다. 우리는 생각의 영역에서 벗어나 지금 하고 싶은 활동을 향해 나아가고 있다.

의미는 목적보다 앞서야 하고 또 그 순서를 지켜야만 유의미한 변화를 이룰 수 있다. 미구엘은 서사 스토리텔링을 시작하기 전까지는 자기 삶에서 작은 목적을 만들기 어려울 것이다. 칼라처럼 미구엘도 어린 시절의 상처와 트라우마를 해체해서 자신이 살아남았을 뿐만 아니라 자기 이야기 속의 영웅이 되었다고 느낄 수 있는 새로운 서사를 다시 써야 한다. 그래야만 오늘을 위한 노력을 시작할 준비를 할 수 있을 것이다.

미구엘처럼 피해의식에서 벗어나면 현재와 미래에 한계가 없어진다. 우리 삶에 보다 나은 목적을 심을 수 있는 틀을 구축하려면 이런 무한한 가능성을 배경으로 삼아야 한다. 목적을 만드는 방법을 아는 것만으로는 충분하지 않다. 그 목적을 활용해서 '행복'을 만들어야 한다. 이를 수행하는 방법이 바로 다음 장에서 다룰 주제, 행복 방정식의 후반부를 마스터하는 데 있어 가장 중요한 '등반'이다.

- 다음 주에 한 시간씩 두 번, 따로 일정을 비워두자. 가능하면 전자 기기를 전부 끄거나 휴대전화를 무음으로 설정해두고 방해받지 않을 조용한 장소를 찾아보자. 이 연습은 집에 아무도 없을 때 하는 게 가장 좋다.

- 잠시 긴장을 풀면서 잡념을 떨쳐낸 다음, 과거에 가장 충격적이었던 사건 두세 가지를 떠올려보자. 처음 시작할 때는 기분이 좋지 않겠지만 그래도 괜찮다. 불안감이 들거나 화가 난다면 길게 심호흡을 하자.

- 각각의 충격적인 사건들을 몇 분씩 시간을 들여 떠올리면서 그 기억이 떠올라도 마음이 평온한지 살펴보자. 여전히 괴로운가? 그 경험을 통해 뭔가를 배웠는가? 그 교훈은 긍정적인가, 부정적인가? 이 트라우마가 일상생활에 어떻게 스며들었는가?

- 이제 기억을 떠올려도 마음이 편안하거나 해결됐다고 느껴지거나 긍정적인 면이 있는 트라우마 사건은 모두 버려도 된다.

- 그리고 여전히 불편하게 느껴지는 트라우마 사건에 대해서는 다음과 같은 연습을 해보자.

1. 자신의 트라우마를 이해하자: 구체적인 세부 사항을 다시 떠올려보자. 정확히 무슨 일이 일어났는가? 그 일은 왜 일어났는가? 누가 연루되었는가? 트라우마가 된 일은 일회성 사건일 수도 있고 빈곤한 환경에서 성장하는 것처럼 지속적인 문제일 수도 있다. 트라우마의 지속 기간은 중요하지 않다.

2. 이 트라우마와 관련해 자신에게 들려주는 다양한 이야기를 해체시키자: 자신에게 들려주는 이야기가 여러 개인가? 구성 요소나 주제가 다

양한가? 무력감, 버림받은 기분, 육체적 고통 등을 느끼는가?

3. 이야기를 관리하기 쉬운 크기로 나누자: 다양한 구성 요소들을 분리해서 한 번에 하나씩 생각해보자.

4. 시야를 넓힌다: 바꿀 수 없는 트라우마의 현실에 보다 긍정적이고 건전한 스토리라인을 덧붙일 수 있을까? 그 상황에서 자신은 최선을 다했다는 생각, 당시 자신의 힘으로는 통제할 수 없는 힘이 작용했다거나 당시의 나이 혹은 정신 상태로는 도저히 감당할 수 없었다는 생각을 받아들일 수 있는가?

5. 그 이야기를 자신의 정체성과 분리시켜서 외연화한다: 당신에게 트라우마 사건이 일어나기는 했지만 그 이야기가 곧 당신인 것은 아니다. 자신의 행동이 자랑스럽지 않더라도 잘못된 결정 때문에 꼭 나쁜 사람이 되지는 않는다는 점을 알아야 한다. 누구에게나 좋은 날도 있고 나쁜 날도 있는 법이며 둘 중 어느 쪽도 우리를 규정하지 않는다.

6. 이제 재미있는 부분으로 넘어가자. 새로운 의미를 부여하고 미래의 목적으로 이어질 수 있도록 이야기를 다시 써보자. 어떻게 하면 이런 충격적인 사건을 보다 긍정적으로 바라보는 방법을 배울 수 있을까? 현재의 당신은 좋은 일이든 나쁜 일이든 당신에게 일어난 모든 일의 결과물이다. 어떻게 해야 지금의 자신을 자랑스러워할 수 있을까?

• 위의 단계를 완료한 뒤 최소 1~2주 동안은 더 이상 이런 문제를 고민하지 않는 게 좋다. 어떤 문제도 해결해야 한다는 부담감을 느끼지 말고, 생각이 머릿속을 맴돌다가 그냥 사라지도록 내버려두자. 괴로움을 느끼고 있다면 사랑하는 사람이나 상담 치료사와 상의하도록 하자. 과거의 의미를 되짚어보는 작업은 매우 힘든 일이지만 현재의 삶 속에 목적

의 틀을 구축하는 데 매우 중요하다.

심호흡을 하고, 워밍업 스트레칭을 몇 번 하고, 다시 심호흡을 하자. 이제 등반을 시작할 때가 됐다. 바로 다음 장에서 우리가 다룰 주제다.

인생이라는 산을 오르는 법

앞 장에서 행복의 두 가지 핵심 요소를 '의미'와 '목적'으로 분류했다. 의미는 주로 생각, 즉 인지 영역에 존재하지만 목적은 지금 하는 활동과 관련이 있다. 우리가 하는 행동은 목적을 '구현'하는 것이다. 나는 당신이 원하는 삶을 꾸려갈 수 있도록 목적을 행동으로 전환할 때 성취감을 불러일으키거나 평가할 수 있는 하나의 틀을 만들었다.

이 틀을 **등반**이라고 한다.

이번 장에서는 목적 연습을 통해 '말'에 대한 사랑을 다시 깨달은 패션 에디터 사라의 이야기를 한 번 더 살펴볼 것이다. 사라는 이제 목적을 추구

등반은 작은 목적을 추구하는 삶을 살아가기 위한 틀이다.

하면서 보다 행복한 삶을 살아갈 수 있는 안정적인 기반을 마련했지만, 새로운 지식을 이용해 자신의 삶을 어떻게 변화시킬지에 대해 여전히 많은 의문을 품고 있었다.

"직장을 그만둬야 할까?"

"어떻게 해야 내 열정을 사랑하는 삶으로 전환할 수 있을까?"

"실패하면 어떡하지?"

"마음이 바뀌면 어쩌지?"

"지금의 삶을 떠나고 난 뒤 내가 틀렸다는 생각이 든다면?"

사라의 반응과 그녀가 던지는 수많은 질문은 충분히 이해할 만하다. 더 만족스러운 삶을 살라는 내면의 속삭임에 귀를 기울이더라도 그것을 행동으로 옮기기란 결코 쉬운 일이 아니다. 바로 이럴 때 등반은 두려움을 최소화하고 필요한 인도를 받으면서 순조롭게 전환을 이루도록 도와주는 본보기를 제공한다.

변화를 이루는 일은 물론 어렵다. 이런 어려움을 극복하려면 용기가 필요할 뿐만 아니라 시간과 시간 관리에 대한 인식도 높여야 한다. 시간을 대체 가능한 상품이라고 오해하는 사람들이 많지만 결코 그렇지 않다. 이런 근본적인 진실을 이해해야 그 틀 안에서 일하는 법을 배울 수 있다. 시간은 누구도 기다려주지 않는다. 당신이 인정하든 안 하든 우리는 살날이 정해져 있다. 우리 맘대로 줄이거나 늘릴 수 없다. 오늘 등반을 시작하지 않으면 내

일은 등반할 시간이 더 줄어들 것이다.

등반을 할 때는 두 가지 방향을 모두 생각해볼 수 있다. 하나는 그 자체로 즐겁거나 중요한 활동으로 시간을 채우는 것이고 다른 하나는 점진적인 이익을 얻을 수 있는 방법까지 함께 생각해보는 것이다. 사람마다 즐거움을 느끼는 활동은 다 다르다. 누군가는 말을 돌보며 누군가는 야구 카드를 판매하며 또 누군가는 무료 급식소나 노숙자 쉼터에서 일하며 즐거움을 얻는다. 핵심은 세부 사항보다는 결과에 관계없이 과정을 즐기는 활동에 참여하는 것이다. 바로 이것이 제2장에서 소개한 목적의 역설이다.

이 장에서는 등반의 정의와 다양한 등반을 삶에 접목시키는 방법, 그리고 언제 하나의 산에서 내려와 새로운 산을 찾아야 하는지 등에 대해 살펴보겠다. 그 과정에서 내가 팟캐스트와 글쓰기 같은 구체적인 등반을 어떻게 내 삶에 넣게 되었는지 보여주고, 사라가 새롭게 찾은 목적의 구심점을 어떻게 활용할 수 있을지 그 방법을 제안하고자 한다.

시간은 아무도 기다려주지 않는다

나는 전작인 《테이킹 스톡》에서 시간은 절대 상품이 아니라고 주장한 바 있다. 시간은 사고팔 수도 없고 쓰거나 낭비하거나 기다릴 수도 없으며 당신을 따라잡지도 않는다. 시간은 우리가 아무리 인위적으로 조종하려고 애써도 그냥 흘러간다. 우리는 하루하루 지나가는 시간을 멈출 수 없다. 시간은 그냥 그렇게 나아갈 뿐이다.

하지만 시간이 흐르는 동안 우리가 하는 활동들은 어느 정도 통제할 수 있다. 난 모든 인간에게 일정한 수의 시간 슬롯이 있다고 생각한다. 몇 시간, 며칠, 몇 주, 혹은 몇 년일 수도 있다. 자신에게 이런 시간 슬롯이 몇 개나 있는지는 아무도 모른다. 그러니 우리는 항상 자신의 죽음을 염두에 두어야 한다. 나의 아버지는 마흔 살에 돌아가셨다. 나는 호스피스 병동에서 같은 날 20대 환자와 백 살이 넘은 환자를 돌본 적도 있다.

그렇다면 어떤 식으로 나의 활동을 통제해야 할까? 나는 내가 좋아하는 일로 최대한 많은 시간을 채우고 반대로 싫어하는 일은 최소로 줄이는 게 답이라고 생각한다. 그러려면 자신에게 중요한 게 무엇인지 시간을 들여 고민해야 한다. "이 활동에 내 시간과 관심을 쏟을 가치가 있을까?"라는 질문을 끊임없이 던져야 하는 것이다.

이런 판단에 도움을 줄 두 가지 도구가 있다. 앞서 설명한 빼기 기술은 더 이상 중요하지 않은 일을 지울 수 있게 해준다. 하지만 더하는 기쁨이 없다면 그 공백을 채울 다른 의미 있는 붓질을 하지 못한 채 빈 캔버스와 마주하게 된다. 자신의 일상을 얘기할 때는 이를 '시간 낭비'라 하고 예술을 논할 때는 '공간 낭비'라 한다.

그러므로 더하는 기쁨이 있어야 등반의 기점을 향한, 즉 걸작 제작을 향한 첫발을 내디딜 수 있다. 목적 있는 활동을 하나씩 추가하면 삶의 질이 점진적으로 향상된다. 의무에서 벗어나 기쁨 쪽으로 저울의 무게중심이 옮겨가는 것이다. 이런 활동에 참여하면 최종 결과물이 만족스럽든 아니든 행복을 느낄 수 있다. 여기에는 운이 개입되지 않는다. 이것이 바로 현재에 충실한 태도의 본질이다.

사라는 이제 힘든 결정을 몇 가지 내려야 한다. 삶에서 어떤 활동을 빼고 어떤 등반을 집어넣어야 할까? 우리가 대신 답해줄 수는 없지만 어느 정도 지침은 줄 수 있다. 지금은 사라가 재정 상황을 평가하기에 특히 좋은 시기다. 사라는 현재의 직장에 매여 있는 걸까? 그 직장이 새로운 목적의 구심점에 중요한가? 지금 다니는 직장을 그만두면 목적의식에 더 부합하면서 생활비도 충당할 수 있는 다른 직장을 구할 수 있을까?

사라는 지금 등산화를 신고 산기슭에 서 있다. 이제 첫걸음을 내딛는 법을 배울 때가 되었다.

정상이 아닌 등반이 목적이 되는 삶을 살아라

등반은 목적이라는 개념을 행동으로 옮기는 방법이다. 사라처럼 제3장에서 설명한 연습을 이미 한 사람이라면 자기 삶에서 작은 목적이 어떤 모습을 띠고 있는지 잘 알게 되었을 것이다. 또한 중요하다고 느끼는 아이디어나 구심점을 두세 개쯤은 발견했을 것이다. 등반은 이런 **목적 구심점**이 제공하는 기반을 의미 있는 활동을 위한 베이스캠프나 출발점으로 삼으면서 시작된다.

이 활동은 전적으로 본인에게 달려 있다. 로만의 경우 야구라는 구심점이 지역 학생들에게 야구 카드를 파는 사업으로 발전했다. 나의 경우에는 글쓰기라는 구심점이 블로그로 발전했다. 처음에는 의학 관련 내용을 다뤘지만 결국 재정적 자립에 관한 블로그로 바뀌었다. 앞서 얘기한 것처럼 사라는 말을 좋아한다. 구심점은 사람마다 다르고 한 사람에게 여러 개의 구심점이 존재할 수도 있다. 당신이 해야 할 일은 기분을 밝게 해주는 주제를 찾은 다음 그 주제를 중심으로 등반을 시작하는 것이다.

그렇다면 어떻게 해야 할까? 간단하다. 이 구심점이 포함된 활동에 참여하되 매우 구체적인 방식으로 하면 된다. 건강한 등반을 하는 방법에는 몇 가지 규칙이 있는데, 이 규칙들은 작은

목적 구심점은 우리가 등반을 시작할 수 있게 해주는 주제다. 이 주제는 작은 목적을 기반으로 한다.

목적이 어떤 특징을 가지고 있는지 다시금 상기시켜준다.

첫째, 등반은 결코 목표 지향적이어서는 안 되며 목표에 구애받지 않아야 한다. 산 정상에만 집중한다면 등반 과정에서 흔들릴 수밖에 없다. 목표는 계곡을 지나면 나오는 봉우리와 같다. 계곡에 있을 때는 가장 가까운 봉우리만 보인다. 하지만 계곡에서 빠져나오고 나면 산 정상이 훨씬 멀리 있다는 사실을 깨닫는다. 봉우리는 하나가 아니라 여러 개다. 그러므로 올라가는 동안의 지형, 즉 과정을 진정으로 즐길 수 있는 등반에만 참여하는 편이 훨씬 낫다.

사라의 경우를 예로 들어 설명하면 그녀는 지나치게 구체적인 목표가 있는 등반은 피해야 한다. 적어도 처음에는 말에 대한 애정에만 의존해서 생계를 꾸리려고 해서는 안 된다는 얘기다. 돈을 벌겠다는 목표가 있으면 정말 하고 싶었던 즐거운 활동이 귀찮은 일이 되어버릴 수 있다.

사라는 또 명성이나 비현실적인 성취에 대한 꿈도 버려야 한다. 그녀는 승마와 관련된 인스타그램 인플루언서가 되지 못할 가능성이 높고 올림픽에 출전하지도 못할 것이다. 그런 꿈을 품는다면 필연적으로 실패를 겪게 될 뿐만 아니라 이는 다른 사람의 목적을 차용하는 것이기도 하다. 당연히 그건 사라의 욕구를 충족시켜주지 못한다.

둘째, 등반은 그 과정에서 기쁨을 안겨주는 활동들로 이루어
져야 한다. 등반은 100퍼센트 과정 지향적인 활동이다. 각 단계에
서 느끼는 기쁨만이 현실이다. 과거나 미래는 생각하지 않고 현
재에 초점을 맞춘다. 이미 지나간 일을 되돌릴 수는 없다. 새로운
기회와 칭찬은 언제나 반갑지만 나중에 생기는 일로 활동의 가치
를 측정하지는 않는다.

사라가 등반을 시작하려면 먼저 승마의 기쁨과 관련된 활동이
나 공동체를 찾아야 한다. 그리고 이런 활동 중 일부는 자신에게
꼭 맞지만 일부는 맞지 않을 수도 있음을 알아야 한다. 하루가 끝
날 때쯤 시간을 잘 보냈다는 기분이 드는지 확인해서 그걸 판단
기준으로 삼는 편이 좋다.

셋째, 등반에 실패하는 일은 결코 없다. 실패라는 말에 괜히 겁
먹지 말자. 실패는 목표 추구를 가리키는 또 다른 표현인데, 다시
한 번 말하지만 여기서 우리가 말하는 목표는 추구하는 게 아니
다. 자신에게 중요한 일을 찾아서 실행하면 그게 곧 성공이다. 이
것이 등반의 핵심이다. 노력에 질적 또는 양적 가치를 부여하기
시작하는 순간 다시 정상을 찾기 시작할 것이다. 그러나 과정을
즐기는 게 당신의 '목표'라면 승리나 성공을 정의하는 종착점은
필요 없다. 산을 오르기만 시작하면 이미 성공한 것이다.

넷째, 등반에 '점진적인 이득'을 통합시키자. 더 큰 목표나 목

적지와 다르게 점진적인 이득은 자신의 발전을 느낄 수 있는 통제 가능한 방법을 찾는 것이다. 해당 주제에 관한 책을 읽거나 강좌를 듣거나 멘토에게 등반 실력 향상을 위한 새로운 방법을 배우는 등 다양한 길이 있다. 실력을 향상시키겠다는 목표는 자신의 기술을 통해 더 큰 즐거움이나 기쁨을 얻기 위함이지 보다 높은 정상에 도달하거나 다른 목적지로 향하기 위함이 아님을 기억하자.

사라가 등반에 많이 참여할수록 학습과 실력 향상을 위한 개인적인 계획을 세울 수 있을 것이다. 여기에는 옆으로 앉아서 말 타는 법을 배우거나 일주일에 한 번씩 장애물 뛰어넘기 연습을 하는 것 등이 포함될 수 있다. 그렇게 해서 실력이 향상되거나 기술을 늘릴 수 있는 가능성을 즐겨야 한다.

마지막으로, 등반을 반드시 한 번만 할 필요는 없다. 여러 번 등반할 수도 있고 그중 어떤 등반은 다른 등반보다 더 중요할 수도 있다. 등반은 평생 지속될 수도, 인생의 한 시즌 동안만 하고 끝날 수도 있다. 사라는 마구간에서 일하면서 승마를 배우고 싶어하는 다운증후군 아동들을 위해 지역 단체에서 자원봉사를 할 수도 있다. 그러다가 이 아이들에 대한 애정이 생기고 그들이 처한 상황을 깊이 이해하게 되면 다운증후군에 대한 인식을 고취시키기 위해 활동하는 단체에서 자원봉사를 하게 될지도 모른다.

등반을 통해 오랫동안 지속되는 열정에 불이 붙을 수도 있고, 몇 달 뒤에 다른 등반으로 넘어갈 수도 있다. 어떤 게 옳고 그른지 따질 필요는 없다.

등반을 위한 5계명

- 등반은 결코 목표 지향적이어서는 안 된다.
- 등반은 기쁨을 안겨줘야 한다.
- 등반에 실패란 없다.
- 등반에 점진적인 이득을 통합시켜라.
- 꼭 한 가지 목적만 고수할 필요는 없다.

더하기의 기쁨을 실천하는 법

따라서 우리가 사라에게 해줄 수 있는 충고는 명확하다. 가장 손쉽게 시작할 수 있는 방법은 더하기의 기쁨을 실천하는 것이다. 그녀는 주말에 별로 중요하지 않은 일을 하는 시간을 조금 떼어내서 등반을 시작해볼 수 있다. 근처 마구간에서 자원봉사를 하거나 말에 대한 사랑을 주제로 하는 블로그를 시작하는 것도 좋은 방법이다.

그리고 이후 몇 주 동안 새롭게 시작한 활동을 평가한다. 그 활동이 즐거웠는가? 나중에 무슨 일이 생기더라도 활동을 하는 동안에는 그 일이 중요하다고 생각하는가? 이전에 하던 활동보다 시간을 잘 활용한다는 생각이 드는가? 이런 활동은 배우고 성장할 또 다른 기회를 제공할 수 있다. 마구간에서 아르바이트라도 한다면 시간을 효율적으로 활용하게 될 뿐 아니라 경제적인 여유도 생길 것이다.

사라는 이런 새로운 활동을 받아들이는 동안 본인의 업무 환경을 면밀히 살펴봐야 한다. 업무 환경에 이번 등반이나 다른 등반에 필요한 요소가 포함되어 있는가? 만약 아니라면 업무 중에 매력을 느끼는 측면이 있는가? 현재 직장에서 창의적인 글을 편집하는 등의 즐거운 일을 하는 데 더 많은 시간을 할애할 수도 있다. 비록 이것이 말에 대한 애정이라는 구심점과 관련된 등반은 아닐지 몰라도 이것 또한 하나의 등반이다.

사라가 직장을 바꿀지 여부는 전적으로 본인의 선택에 달려 있다. 패션 에디터라는 직업이 삶의 다른 영역에서 하고 있는 등반을 뒷받침해줄 수입을 보장한다는 이유로 지금 직장에 계속 다닐 수도 있다. 아니면 자신의 등반과 관련된 잡지사에서 일하는 게 낫다고 판단해서 말이나 말과 관련된 스포츠를 전문적으로 다루는 잡지사를 찾아볼 수도 있다.

사라는 자신의 삶을 목적으로 가득 채워줄 다른 기회와 등반에도 마음을 열어둬야 한다. 어느 순간 마음을 사로잡는 다른 열정을 찾을 수도 있다. 음악에 대한 사랑이나 스토리텔링 기술을 향상시키고자 하는 관심이 새로운 구심점이 될지도 모른다. 그러면 이 구심점이 사라를 새로운 방향으로 이끌 것이다.

어쩌면 몇 년쯤 지나서 주말에 마구간에서 보내는 시간이 더 이상 즐겁지 않다고 생각하게 될지도 모른다. 그러면 그 활동을 현재의 관심사와 더 일치하는 활동으로 대체해야 한다. 하나의 등반을 다른 등반으로 대체하는 데 죄책감을 느낄 필요는 없다. 계속해서 평범함을 기쁨으로 대체하는 것이 우리의 목표니까 말이다.

관계 형성은 등반의 초기 목표는 아니다. 그렇지만 시간이 흐르다 보면 자연스럽게 공동체가 형성되고 인맥이 쌓인다. 사라도 본인과 같은 관심사와 열정을 공유하는 사람들과 함께할 때 의식적이고 자기답게 행동할 수 있을 것이다. 그러면 그녀의 영역을 오가는 사람들과 소통할 기회가 많이 생긴다. 그래서 승마를 통해 얻는 기쁨이 전보다 약간 줄더라도 매주 금요일마다 마구간에서 만나 함께 말을 타고 저녁을 먹는 친구들의 존재가 그 활동을 지속시킬 충분한 이유가 되기도 한다.

당신의 일상에 작은 승리를 적립하라

앞서 나는 목표의 유해성을 명확하게 설명한 바 있다. 목표는 정해진 종점에 이르러야만 행복해질 수 있다는 잘못된 생각을 심어준다. 우리는 사라가 정해진 종점에 도달하든 못하든 상관없이 잘 지내기를 바란다. 등반은 어떤 목표에 기반해서는 안 된다. 더구나 그 목표가 다른 사람의 인생이나 인스타그램 계정에서 가져온 것이라면 더더욱 금물이다.

그렇다고 모든 목표가 나쁘다거나 아예 목표를 가져선 안 된다는 뜻은 아니다. 등반은 목표에 구애받지 않을 뿐 두려움이나 거부의 대상이 아니다. 다시 말해 사라는 등반 과정에서 여러 가지 목표를 세울 수 있다. '언젠가 승마 잡지에 프리랜서로 글을 기고해서 그걸로 생계를 유지할 수 있으면 좋겠다' 같은 생각처럼 말이다. 그녀는 글쓰기를 좋아하고 말이라는 주제에 열정을 품고 있다. 그래서 등반 과정 속에서 목표를 하나 만들었지만 여기에는 중요한 차이가 있다. 결과에 상관없이 사라는 여전히 시간을 잘 관리하고 있다는 점이다. 목표를 이룰 수도 있고 그렇지 않을 수도 있다. 수입이 절반으로 줄어드는 바람에 패션 잡지에서 파트타임으로 일해야 할 수도 있다. 이 경우 좋아하지 않는 활동을 등반에 포함된 활동으로 대체할 수 있다.

다시 말해 설령 지더라도(실패하더라도) 사라는 승리하게 된다.

여기서 목표의 크기는 중요하지 않다. 클 수도 있고 작을 수도 있다. 유일한 조건은 성공이나 실패가 등반에 영향을 미치지 않아야 한다는 것이다. 무슨 일이 생겨도 사라는 계속해서 목적 있는 삶을 추구할 것이다. 더하기의 기쁨을 이용해 일상생활 속에 최대한 많은 등반을 시도하고, 빼기 기술을 활용해 더 이상 만족스럽지 않은 활동은 제거할 것이다.

점진적 이득이라는 개념을 목표에 통합할 수 있다는 점도 이득이다. 프리랜서 기술을 활용해 수입을 조금씩 늘려가면 부담스러운 돈벌이 활동에서 서서히 벗어날 수 있다. 수입을 100퍼센트 충당하지는 못하겠지만 앞으로 나아가는 한 걸음 한 걸음이 그녀에게는 작은 승리처럼 느껴질 것이다.

정상이 목표가 아닌 사람에겐 모든 곳이 길이다

평생 특정한 등반을 계속해야 한다는 규칙은 없다. 제3장에서 설명한 연습이 평생의 관심사와 가치관을 제시하기는 하지만 때로는 우리가 나이를 먹으면서 변하기도 한다. 인생의 계절을 지날 때마다 새로운 책임과 관심사가 생기는데 이를 받아들이지 말아야 할 이유는 없다.

어떤 등반이 자신에게 더 이상 도움이 되지 않는다는 사실을 알려주는 몇 가지 징후가 있다. 이런 징후를 하나라도 발견한다면 해당 등반이 여전히 자신의 시간을 쏟을 만한 일인지 다시 한 번 생각해봐야 한다. 우리의 목표는 최대한 많은 시간을 의미 있는 활동으로 채우는 것임을 기억하자. 예전에는 의미 있었던 활동이 더 이상 그렇게 느껴지지 않을 수도 있다. 지금의 등반을 계속하고 싶은지 의문을 품게 하는 몇 가지 요인을 살펴보면 다음과 같다.

첫 번째는 특정한 등반에 다른 일이 하고 싶어지는 것이다. 예를 들어 사라는 프리랜서 작가 일에 자신의 애정이 생각보다 더 컸다는 걸 알게 됐다. 그래서 이제는 토요일 아침 시간을 글쓰기에 할애하고 싶다. 아침에 일어나 따뜻한 커피 한 잔을 내려서 빈 컴퓨터 화면 앞에 앉아 있을 때가 가장 생산적이다. 하지만 문제가 하나 있는데 바로 승마 레슨이 그 시간에 진행된다는 것이다. 사라가 승마에 대한 애정을 잃은 것은 아니다. 레슨을 일요일로 옮길 수도 있지만 일요일 오전에는 부모님과 함께 교회에 가야 한다. 이런 상황이라면 사라는 레슨을 취소해야 할까, 말아야 할까? 취소해야 한다. 사라는 등반을 저버린 것이 아니다. 단지 그 시간을 채울 더 흥미롭고 정신적 자양분이 되는 활동이 생긴 것뿐이다.

또 다른 명백한 징후는 등반이 너무 목표 지향적으로 변해서 목표 달성 여부에 따라 행복이 좌우될 때다. 사라는 장애물 경주에 참가하기 시작하면서 재미있고 짜릿한 경험을 했다. 하지만 같은 마구간에서 활동하는 팀원들의 경쟁심이 너무 강했고 그래서 많은 압박을 받았다. 사라는 연습이나 대회 당일에 좋은 성적을 거둬야만 행복을 느꼈다. 성적이 좋지 않은 날에는 시무룩하게 집에 돌아와서 애초에 경기에 나가지 말았어야 했다고 자책하곤 했다. 이제 사라는 자신이 통제할 수 있는 유일한 것, 즉 경기에 참여하는 것만으로는 만족하지 못하고 결과가 좋아야만 만족감을 느낀다. 분명 변화가 필요한 상황이다.

자기 자신이나 활동과는 전혀 상관없는 이유 때문에 등반을 그만둬야 하는 경우도 있다. 사라가 금요일 오후에 승마를 하면서 느끼는 가장 큰 기쁨 중 하나는 함께 승마를 즐기고 저녁을 같이 먹는 친구들일지도 모른다. 그런데 안타깝게도 친구 한 명은 이사를 가고 다른 한 명은 사고를 당해 더 이상 승마를 할 수 없게 되었다. 등반을 중심으로 구축된 공동체와 인맥이 사라지면 해당 등반은 대체 불가능한 무언가를 잃게 된다. 사라는 마구간에 가지 않고 친구들과 다른 날 저녁에 모일 계획을 세웠다.

마지막으로, 특정 활동이나 주제를 좋아하기는 하지만 해당 등반을 계속해도 공동체나 인맥을 구축하는 데 도움이 되지 않는다는 걸 깨달았을 때다. 어떤 사람은 그래도 괜찮을 수 있다. 세상에는 다른 이들과 관계를 맺지 않고 혼자 지내면서도 삶을 온전히 즐길 수 있는 사람들이 많다. 물론 당신도 그런 사람일 수 있지만, 우리들 대부분은 타인 그리고 세상과 연결되기를 원한다. 등반을 할 때 얻을 수 있는 가장 큰 선물은 이런 즐거운 활동을 통해 만나게 되는 사람들, 즉 공동체다. 그런 의미에서 당신의 등반이 다른 사람들과 연결되지 않는다면, 그것이 이제 다른 등반으로 옮겨 갈 때라는 신호일 수 있다.

가장 중요한 것은 나만의 속도로 오르는 것

나의 개인적인 경험을 이야기하기에 앞서 과학적인 사실들을 먼저 살펴보자. 의미 있는 활동과 행복의 관계를 조사한 과학 연구가 매우 많기 때문이다. 일례로 스테파니 후커Stephanie Hooker와 동료 연구진은 의미 있는 활동에 참여하는 것이 삶의 의미를 느끼고 중요성을 인식하며 심리적 건강을 유지하는 데 얼마나 필수적인지에 대해 연구했다.[39] 160명이 참여한 이 연구는 신체 활동, 기분, 그리고 '삶의 목적과 의미에 대해 얼마나 자주 생각하는지'

에 관한 질문에 답하는 자가 모니터링 방식으로 구성되었다. 그리고 연구 결과, 의미 있는 활동에 참여하는 것이 긍정적인 기분과 생각, 삶의 만족도, 삶의 목적, 활력과 깊은 관련이 있는 것으로 나타났다.

또 다른 연구진은 코로나19 팬데믹 기간 동안의 외로움에 초점을 맞췄다. 한 연구에서는 대만의 유학생들을 특별히 모집했다. 연구진은 자기가 하는 일에 완전히 푹 빠져서 몰두하는 상태를 설명하기 위해 몰입flow이라는 용어를 사용했다. 그들은 집중력과 기술이 필요한 즐거운 활동에 참여하는 동안에는 몰입이 외로움을 상당히 감소시킨다는 사실을 발견했다.[40]

마지막으로, 2022년《응용 노년학 저널》Journal of Applied Gerontology에 발표된 한 연구에서는 노년층이 좋아하는 활동에 참여했을 때 인지, 정신 건강, 일상생활 수행 능력에 어떤 변화가 생기는지 살펴보았다.[41] 그 결과, 인지적으로 건강한 사람들이 좋아하는 활동에 참여하면 일상생활을 타인의 도움 없이 잘 수행할 수 있고 우울증과 불안이 감소하며 기억력이 향상되는 것으로 나타났다.

이렇듯 등반에 참여하는 사람들이 더 행복하다는 명확한 과학적 증거는 매우 많다. 하지만 나의 경우는 등반의 중요성과 그것이 어떻게 행복으로 이어지는지 증명하는 데 과학적 증거가 굳이 필요하지 않다. 나는 이미 등반을 경험해봤기 때문이다. 지금의 여정은 내가 평생 추구해온 주요 등반, 즉 의사로 살아가는 것이 더 이상 내게 도움이 되지 않는다는 사실을 깨달은 순간부터 시작되었다. 당시에는 온갖 징후가 다 있었다. 아침에 일어나 출근하는 게 두려웠고, 글쓰기와 팟캐스트 등 내 시간을 들여서 하고 싶은 다른 일들이 많았다.

내게 팟캐스트는 등반의 좋은 예시다. 마이크 앞에 앉아 새로운 사람과 흥미로운 대화를 나누는 것보다 더 기분 좋은 일은 없기에 이건 나의 중요한 목적 중 하나다. 비록 아무도 들어주지 않고 연간 다운로드 수가 0이라 하더라도 계속해나갈 것이다. 하지만 물론 지금보다 실력 있는 인터뷰어가 되고, 더 흥미로운 게스트를 찾고, 음질을 개선하려고 노력하는 등의 작은 발걸음이 이 등반을 한층 매력적으로 만들어줄 것이다.

나는 계속해서 더 높은 곳으로 오르고 있다.

그렇다고 해서 팟캐스트 작업에 투자하는 모든 순간이 완전히 즐겁다는 뜻은 아니다. 아침에 일어나서 인터뷰를 진행할 의욕이 생기지 않는 날도 있다. 어떤 날은 오디오를 편집해야 한다는 생각만 해도 지긋지긋해져서 침대에 다시 기어들어가고 싶어진다. 하지만 의사로서 번아웃을 겪었던 때와는 다르게 이 여정은 내가 모든 걸 통제할 수 있다. 언제든 원할 때는 산을 내려와 다른 봉우리와 계곡을 바라볼 수 있다.

나는 나 자신, 그리고 더 넓게는 청취자 커뮤니티에만 책임을 지면 된다. 내가 무엇을 할 수 있고 할 수 없는지 지시하는 상사는 없다. 내 일상 스케줄에 영향을 미치는 외부적인 힘도 없다.

하지만 팟캐스트와 글쓰기만으로는 충분하지 않았다. 다른 등반을 시도할 수 있는 여지가 내게는 아직 많았다. 그중 하나가 운동이었다. 살면서 운동이 싫었던 적도 있지만 지금은 좋아하는 활동에만 집중한다. 달리기보다는 주로 걷고, 웨이트 트레이닝 대신 다른 사람과 함께하는 스포츠 활동을 한다. 또 독서에 대한 애정도 되살아났다. 특정 주제에 집중하거나 목표 지향적인 독서가 아니라 가볍고 즐거운 독서를 한다. SF와 판타지 책을 찾아 읽고, 접이식 의자에 앉아 좋아하는 이야기를 음미하며 많은 시간을 보내며 나의 등반을 계속하고 있다.

이 장 첫머리에서 행복은 기본적으로 의미와 목적으로 이루어져 있다고 말했던 것을 기억하는가? 세상을 살아가면서 목적을 추구하려면 시간 활용에 도움이 되는 의미 있는 등반을 시도해야 한다. 지금까지 사라에게 제시한 여러 방법과 내가 직접 경험한 등반 이야기가 당신의 삶에 행복을 쌓아갈 수 있는 틀이 되기를 진심으로 바란다.

행복이 주는 중요한 깨달음 중 하나는 '시간은 유한하다'는 것이다. 무슨 수를 써도 시간은 흘러간다. 따라서 우리는 주어진 시간 안에서 최대한 많은 행복을 만들어야 한다. 빼기 기술과 더하기의 기쁨을 통해 이를 실천할 수 있다. 당신의 삶에서 효과가 없는 활동은 빼고 등반에 전념하는 시간을 최대한 늘리자.

이것이 많은 연구 데이터와 나의 경험을 통해 얻은 결론이다. 나는 지금 그 어느 때보다 행복하고 만족스러운 기분으로 몰입할 수 있다. 내 일정을 마음대로 조정할 수 있을 뿐 아니라 좋아하는 활동들로 일상을 가득 채워놓았다. 가장 만족스러운 부분은 이런 활동을 통해 내게 큰 의미를 안겨주는 이들과 연결되었다는 것이다. 선순환은 계속된다. 행복해진 덕분에 나는 전보다 더 나은 아버지이자 남편이 되었다. 또 더 괜찮은 친구이기도 하다.

하지만 여기서 주의해야 할 점이 하나 있다. 어쩌면 당신은 목적의식이 무조건 사랑하는 이들을 중심으로 돌아가거나 가족이 등반의 중심 주제가 되어야 한다고 생각할 수도 있다. 이는 솔깃한 얘기처럼 들리지만 사실 목적 있는 삶을 구축하기에는 완전히 잘못된 방법이다.

왜 그런지 알고 싶은가? 이 내용은 제8장에서 이 문제를 다룰 예정인데, 그보다 먼저 잠시 특권의 세계에 들러보려고 한다. 등반을 하고 싶은데 등산화를 살 돈이 없다면 어떻게 해야 할까? 간단한 연습 후에 이 어려운 질문을 다뤄보자.

- 다음 주에 한 시간씩 두 번, 따로 일정을 비워두자. 가능하면 전자 기기를 전부 끄거나 휴대전화를 무음으로 설정해두고 방해받지 않을 조용한 장소를 찾아보자.

- 휴대전화를 다시 켜고 계산기 앱을 열어 7 × 24를 해보자. 이것이 한 주 동안의 시간이다. 수면 시간을 고려해 여기서 56시간(여덟 시간×7일)을 뺀다. 이제 씻고 몸을 단장하는 데 들이는 16시간(두 시간×7일)과 먹고 마시는 데 쓰는 21시간(세 시간×7일)을 뺀다. 그러면 75시간이 남는다.

- 이제 휴대전화를 치우고 가능하면 달력이나 수첩도 보지 말라. 이건 순전히 정신적인 훈련이다.

- 현재 이 75시간 중 몇 시간을 등반에 사용하고 있는가? 평소 일과를 업무, 생활 관리(예: 육아, 집 정리), 여가 등 몇 가지 범주로 나눠서 생각하는 게 쉬울 수도 있다.

- 업무에 할당된 시간부터 시작해보자. 하루 여덟 시간, 주 5일 일한다고 가정하면 이 40시간 중 몇 시간을 등반의 일부로 간주할 수 있을까? 지금 하는 일에서 좋아하는 부분이 있는가? 열정을 느끼는 부분이 있는가? 급여를 받지 않더라도 하고 싶은 활동이 있는가?

- 생활과 여가와 관련된 활동을 살펴보자. 집에서는 어떤 일을 하는가? 여가 시간에는 무엇을 하는가? 그 일들에서 얼마나 보람을 느끼는가?

- 작업을 마친 다음, 75시간 중 몇 퍼센트를 등반에 사용하고 있고 몇 퍼센트를 좋아하지 않는 일이나 의무적으로 해야 하는 일에 사용하고 있는지 계산해보자.

- 비율은 얼마나 한쪽으로 치우쳐 있는가? 등반에 할애하는 시간이 10퍼

센트쯤 되는가? 아니면 70퍼센트? 정답은 없다. 사실 등반에 가장 적은 시간을 할애하는 사람일수록 개선의 여지가 가장 크다. 지금 스펙트럼의 어느 지점에 속해 있든 스스로를 받아들이는 여유를 가지자.

- 좋은 일이든 나쁜 일이든 아무것도 하지 않는 시간이 많은가? 그게 마음에 걸리는가?
- 이 장에서는 빼기 기술과 함께 더하기의 기쁨에 대해 이야기했다. 상황을 개선하기 위해 일정에 무엇을 더하거나 뺄 수 있을까? 의미 있는 활동을 만들거나 중요하지 않은 활동을 제거할 때마다 시간의 비율이 향상된다는 점을 기억하자.

제7장

핑계가 아닌 방법을 찾아라

등반에 대한 이야기를 하다 보면 몇몇 비관론자들은 목적을 추구하거나 등반에 참여하는 활동 자체가 부유한 사람에게만 주어지는 특권 같은 것이라고 주장한다. 그리고 빼기 기술이나 더하기의 기쁨도 인생에 어느 정도 '여유'가 있어야 가능한 일이라고 지적한다. 그 여유는 부유하게 태어났거나 고소득 직업을 가졌거나 다른 행운을 만난 사람에게만 주어지며 평범한 사람들은 그저 정직하게 생계를 유지하고자 열심히 일할 뿐이라고 말이다.

나는 그동안 여러 곳에서 이런 비판을 받았다. 그중에서도 가장 격렬한 반응을 보인 사람들은 젊은이들이다. 내 첫 번째 책을 우연히 읽은 이웃 청년 앤디는 이렇게 말했다.

"삶의 목적을 만들기는커녕 전 그걸 걱정할 시간 자체가 없어요. 하루가 끝나면 너무 지쳐서 넷플릭스를 잠깐 보다가 잠들고 싶을 뿐이에요."

문과 출신에 고소득 일자리 부족으로 생계 유지가 어려웠던 그는 우리 지역의 비영리 단체에서 일하고 있었다. 안타깝게도 거기서 받는 급여로는 월세도 감당하기 힘들었다. 그러니 더 나은 삶을 일구는 일에 시간과 에너지를 투자해야 한다는 생각이 그에게는 무척 허황되게 느껴졌던 것이다. 앤디는 이제 막 사회생활을 시작한 상태였지만 벌써 녹초가 되어 있었다. 그는 어떻게 등반을 시작해야 할지 몰랐을 뿐만 아니라 그런 걸 찾아 나설 여력도 전혀 없었다.

좋은 등산화를 살 금전적, 시간적 여유가 없다면 어떻게 등반을 시작해야 할까?

이 장에서는 앤디처럼 등반 같은 걸 할 여유가 없다고 느끼는 사람들의 고민을 살펴보려 한다. 돈, 에너지, 시간 등 모든 것이 갖춰져 있지 않으면 안되는 걸까? 노력에 들어가는 비용이 너무 크게 느껴지는데 정말 그럴까? 아니면 우리가 할 수 있는 일이 있을까?

돈은 목표가 아니라 도구다

내가 앤디를 만났을 때 그는 길 건너편에 있는 복층 아파트 한 칸에 세를 들어 살고 있었다. 앤디가 에번스턴 지역을 선호했던 이유는 도심, 지금 일하는 직장, 그리고 부모님 집(그가 어릴 때 살던)과 가까웠기 때문이었다. 그는 작년에 대학을 졸업했지만 전공과 관련된 일자리를 찾는 데 어려움을 겪었다. 마케팅이나 광고 분야에서 일자리를 구하고 싶었지만 지역 고용 시장이 침체되는 바람에 내야 할 청구서는 많은 데 비해 수입은 매우 적었다.

앤디는 지금 직장에서 하는 일이 마음에 들지 않았다. 그의 일상은 좋게 말하면 지루했고 나쁘게 말하면 아주 고통스러웠다. 야근을 밥 먹듯이 했지만 월급은 매우 적었다. 하지만 동네 식당에서 일하는 것보다는 벌이가 나았고 이력서에 적기에도 더 그럴듯해 보였다. 대부분 하루 종일 이리저리 돌아다니면서 일했기 때문에 퇴근 시간에 사무실을 나설 때쯤이면 이미 온몸이 기진맥진해져 있었다.

처음 일을 시작하고 얼마 동안은 저녁 시간이나 주말을 이용해서 지금보다 더 괜찮고 급여도 높은 일자리를 찾으려고 애썼지만 그의 노력은 아무런 결실도 맺지 못했다. 좌절감에 휩싸인 앤디는 몸과 마음이 모두 지쳐버렸다. 그러던 중 인터넷에서 나의 첫 번째 책 《테이킹 스톡》을 발견했고 그는 글쓴이가 이웃 사람이라는 데 호기심을 느껴 책을 주문했다. 그러니 어느 날 길거리에서 그가 알은체를 하며 내게 다가왔을 때 내가 얼마나 놀랐을지 짐작이 갈 것이다.

앤디는 실의에 빠져 있었다. 어떻게든 목적 있는 삶과 정체성, 관계를 구축하고 싶지만 불가능한 일이라고 생각했다. 기본적인 생활비를 충당하려면 직장에 다녀야 하는데 어떻게 근무 시간을 줄일 수 있겠는가. 하루 일과가 끝나고 나면 돈도 에너지도 없는데 어떻게 의미 있는 활동을 추가할 수 있단 말인가.

앤디는 돈을 벌어야 한다는 욕망에 갇혀 오도 가도 못하는 상태였다. 현재의 직장은 그의 유일한 수입원이었고, 이상적인 직장과는 거리가 멀지만 그가 찾을 수 있는 유일하게 합리적인 역할이었다. 앤디는 이 글을 읽는 많은 사람이 그랬듯 막막함을 느꼈다. 혹시 당신도 어쩔 수 없이 직장에 계속 다니고 있는 중인가? 돈이나 시간, 혹은 두 가지가 다 부족한 탓에 목적의식을 찾는 일이나 등반을 미루고 있는가?

여기서 실수는 돈이 목표가 아니라 '도구'라는 사실을 잊어버린 것이다.

왜 이런 실수가 발생하는 걸까?

돈을 목표로 삼는 것은 여러 가지 이유로 끔찍한 일이다. 가장 기본적인 이유는 돈이 '잠재적인 에너지'라는 데 있다. 즉 돈은 그것으로 이룰 수 있는 일 외에는 아무런 가치도 없다. 한마디로 돈 자체는 누구도 행복하게 해주지 못한다. 돈을 '올바르게 사용했을' 때 비로소 우리 삶에 의미와 목적을 만들 수 있다. 그리고 의미와 목적은 결국 행복으로 이어진다.

돈을 목표로 삼으면 산 정상에 이르렀을 때 불행해지는 경우가 많다. 돈은 신기루 혹은 거짓된 목적지라서 그곳에 도착하는 순간 공허함을 느낄 뿐이다. 이제 어떻게 해야 하지? 대개 답은 돈을 더 많이 버는 것이다. 여기서 어떻게 성취감을 느낄 수 있단 말인가?

또 다른 극단적인 경우는 얻은 것(돈)을 잃거나 빼앗길지도 모른다는 두려움에 휩싸이는 것이다. 손실 회피는 아예 돈을 벌지 못하는 것보다 잃는 걸 더 두려워하게 만든다.

앤디에게는 돈이 이율배반적인 방정식이었다. 돈이 충분해서 지금 바로 등반을 시작할 수 있거나 아니면 돈이 없어서 끔찍한 삶을 견뎌야 하는 운명이라고 말이다. 내가 그를 만났을 당시 앤디는 미래에 대해 다소 우울한 전망을 가지고 있었다. 그는 돈이 없으면 그 어떤 자유를 누릴 여유도 없을 것이라는 믿음에 사로잡혀 있었다.

그의 말이 맞다. 돈은 여유다. 돈은 한 가지 유형의 잠재 에너지를 다른 에너지로 교환할 수 있는 도구다. 돈이 있으면 누군가에게 집 청소를 맡길 수 있다. 그리고 나는 그 시간에 보다 목적 지향적인 다른 활동을 할 수 있다. 앤디는 자신에게 이 도구가 충분치 않았기 때문에 만사가 틀어졌다고 느꼈다.

이 장에서 내가 당신에게 확실하게 말하고 싶은 건 돈은 훌륭한 도구고 여유를 제공하지만 어쨌거나 결국 수많은 '도구' 가운데 하나에 불과하다는 점이다. 앤디에게는 돈이라는 도구가 많이 없고 조만간 더 많이 얻을 가능성도 낮으므로 다른 도구를 찾아야 한다. 내가 가장 힘들었던 점은 앤디에게 그가 이미 충분한 도구를 갖고 있음을 납득시키는 것이었다.

그리고 어쩌면 당신도 이런 도구를 갖고 있을 수 있다.

내가 이미 갖고 있었던 도구를 찾아내라

돈은 수많은 도구 가운데 하나일 뿐이라는 사실을 깨닫는 순간, 자신에게 얼마나 다양한 형태의 '자본'이 있는지 알아차리게 된다. 일례로 앤디는 스물두 살이다. 스물두 살인 그는 쉰 살인 나보다 훨씬 많은 에너지를 가지고 있고 아픈 데도 적다. 잠을 덜 자고도 더 오래 일할 수 있다. 또 그를 짓누르는 책임도 적다. 배우자나 자녀도 없고 주택담보대출도 없다. 앤디가 내일 당장 짐을 싸서 해외로 나가더라도 그를 가로막을 것은 거의 없다.

그의 가족과 지인도 중요한 도구다. 뒷부분에서 살펴보겠지만 앤디는 이런 인맥을 활용해서 상황을 개선할 수 있다. 인적 자본은 가장 강력한 자본 중 하나로, 친구와 가족을 자원으로 활용하면 그들의 지식, 능력, 인맥을 이용할 수 있다. 산티아고 순례길(스페인 북서부에 있는 사도 성 야고보의 성지로 향하는 고대 순례길)을 걷는 순례자들이 자주 하는 말이 있다. 그들은 순례 중 힘들고 궁핍해지면 "카미노(길)가 도와줄 것"이라고 말한다. 사람들이 바로 당신의 '카미노'다. 굳건한 인맥을 가진 사람은 우주가 도움의 손길을 내밀어 자신을 돌봐준다.

또한 열정과 지식은 종종 놀라운 방식으로 도움을 줄 수 있는 아직 개발되지 않은 도구다. 로만은 야구 카드에 대한 열정과 처음 고용한 직원 라이언의 지식 덕에 고전하던 골동품 사업을 놀라운 성공 사업으로 전환시켰다. 지식과 열정은 돈이 거의 들지 않지만 이를 통해 부를 창출할 수 있다.

마지막으로, 친구와 가족 외에 당신이 속한 공동체도 성공의 지렛대가 되어 원하는 삶을 꾸리는 데 도움을 줄 수 있다. 공동체의 형태와 크기는 무궁무진하다. 당신이 다니는 교회나 졸업한 대학일 수도 있고 해외에서 다른 외국인들과 어울리면서 생긴 공동체일 수도 있다. 어쩌면 당신이 알고 있는 것보다 훨씬 많은 공동체에 속해 있을지도 모른다. 그 공동체들이 당신을 정의하고 어려울 때 도움을 줄 수 있다.

길은 그 길을 찾는 이에게만 보인다

돈이라는 도구는 부족할지 몰라도 활용 가능한 다른 도구들이 있다는 사실을 깨달은 앤디는 자기도 등반을 시작할 수 있을지 모른다고 생각을 고쳐먹게 되었다. 등산화는 없어도 좋은 지팡이와 충분한 물만 있으면 전진할 수 있을지도 모른다. 그렇다면 앤디는 어떤 자원을 이용할 수 있을까? 당신에게는 어떤 자원이 있는가?

앞서 말했듯이 앤디에게는 젊음과 시간이라는 확실한 이점이 있다. 가족과 주택 소유에 대한 책임이 없어서 직장 밖에서의 시간 대부분을 자기 마음대로 쓸 수 있는 상황이다. 매일 오전 8시부터 오후 6시까지 일하는 건 고되지만 스물두 살 청년이므로 주말에는 남는 에너지가 있을 것이다. 간단한 해결책은 앤디가 매주 일요일 오후에 몇 시간씩 틈을 내서 열정을 불태울 수 있는 부업을 시작하는 것이다.

이 부업에는 기본적인 특징이 몇 가지 있어야 한다. 첫째, 어떤 종류의 목적 구심점과 연결되어야 한다. 앤디는 예전에 자전거 선수로 활동했고 고등학교 내내 자전거 대회에 참가한 이력이 있다. 그는 자전거를 좋아했고 대회에 나갔던 몇 년 동안 경주용 자전거를 직접 정비하며 거의 모든 기계적 문제를 해결하는 방법도 잘 알았다. 오래전 선수 생활을 그만두었지만 앤디는 여전히 자전거 대회 커뮤니티에 속해 있었다. 전국 협회에서 일하면서 지역 대회를 준비하는 사람들도 몇 명 알고 있었다. 일요일의 자유 시간이라는 도구 그리고 대회에 대한 열정과 공동체라는 도구를 활용해서 다른 사람들의 고장 난 자전거를 수리해주고 (좋아하는 일을 하면서) 추가 수입을 약간 올릴 수 있지 않을까? 앤디는 고등학생 시절에 직접 자전거를 고치면서 이런저런 시행착오를 겪었고 그 과정에서 얻은 지식들은 좋은 도구 역할을 할 것이다. 그가 잃을 게 뭐가 있겠는가?

6개월 뒤로 넘어가 보자. 가능성이 몇 가지 있다. 앤디가 성공해서 돈을 약간 벌 수 있는 부업을 시작한다면 근무 시간을 줄여도 괜찮을 만큼 여유가 생겼다는 사실에 기뻐할지도 모른다. 그가 주 5일이 아니라 주 4일만 일할 수 있다면 어떨까? 그렇다면 앤디는 삶에 목적이 생겼을 뿐만 아니라 첫 번째 등반도 시작한 셈이다. 더 중요한 건 그가 싫어하는 일을 하는 시간을 일주일에 아홉 시간 줄이고 이를 주당 세 시간의 의미 있는 활동으로 대체했다는 것이다.

이런 게 바로 성공이다!

어쩌면 앤디는 일요일에 일곱 시간 혹은 여덟 시간까지 일할 의향이 있을지도 모른다. 갈수록 일거리가 많아지면 정비 일을 도와줄 아르바이트생을 고용해야 할 수도 있다. 정비 일을 하는 시간이 늘어나고 도와줄 사람까지 생기면 앤디는 결국 직장을 그만두거나 반나절만 일할 수도 있지 않을까? 그리고 만약 자전거 수리 사업이 더 이상 만족스럽지 않거나 직장 일보다 더 성가시게 느껴지면 그냥 그만두고 직장으로 돌아가면 되지 않을까?

물론 우리가 살펴봐야 할 또 다른 결과도 있다. 앤디가 6개월간 일요일마다 성실히 일을 했지만 상당한 매출을 올리지 못한다면 어떻게 될까? 대회장에 가서 자전거를 한두 대 수리하지만 기껏해야 일주일에 몇 번 외식할 정도의 돈밖에 벌지 못한다면 말이다. 그래도 앤디는 대회장을 다시 찾아 옛 친구들을 만나고 아이들을 지도하는 일이 즐겁다.

이런 상황도 나쁘지 않다. 물론 이 경우 앤디는 경제적 이익을 창출하지 못하고 지긋지긋한 직장 일도 줄이지 못한다. 하지만 이제 매주 서너 시간씩 돈벌이는 안 돼도 기쁨과 목적이 가득한 일을 한다. 좋든 나쁘든 앤디는 자전거에 대한 사랑을 기반 삼아 등반의 첫걸음을 내디뎠다. 그는 직업을 바꿔서 레이싱 코치로 돈을 벌 수도 있고 아니면 작은 사업을 계속하면서 새로운 취미를 즐기는 것에 만족할 수도 있다.

어느 쪽이든 앤디는 이제 확실히 등반의 길로 들어섰다.

우리는 아직 그의 도구함에 있는 다른 도구들은 살펴보지도 않았다. 앤디의 부모님은 앤디가 지금 사는 집에서 불과 몇 킬로미터 떨어진 곳에 사신다. 앤디가 부모님을 설득해서 저렴한 임대료만 내고(혹은 무료로) 그 집에 들어가서 살 수 있을까? 만약 그렇다면 앤디는 이번에도 관계를 활용해서 금전적인 여유를 누리게 될 것이다. 그렇게 아낀 월세는 근무 시간을 줄이거나 돈이 들어가는 의미 있는 활동을 늘리는 데 사용할 수 있다.

'앤디'라는 이름이 '안드레'의 줄임말이라는 점도 도구로 사용 가능할지 고려해볼 만하다. 그는 사실 포르투갈 태생으로 일곱 살 때 가족이 미국으로 이주하면서 이름을 바꾸었다. 앤디는 그 이후로 줄곧 자신의 고국에 매료되어 있는 상태였다. 그의 부모님 또한 모두 포르투갈 사람으로 어릴 때는 거의 매년 포르투갈을 방문하곤 했다. 그때마다 호기심 많은 앤디는 자기가 어린 시절을 보낸 마을을 구석구석 탐험했다. 그곳의 역사를 기록한 글과 책을 최대한 구해서 탐독했다. 이것이 앤디의 열정이었다. 언젠가 포르투갈로 돌아가 살면서 거기서 가족을 꾸리고 싶다는 꿈도 있었다.

이 꿈을 지금 당장 시도하면 어떨까? 앤디는 지리적 차익_{geoarbi-}_{trage}(생활비가 높은 지역에서 수입을 얻고, 생활비가 낮은 지역에서 소비함으로써 경제적 이점을 누리는 전략—옮긴이)을 활용할 수도 있다. 포르투갈로 돌아가면 미국에서 쓰는 생활비의 극히 일부만 있어도 살 수 있다. 외국 도시에서 영어로 투어를 진행하는 젊은이들에게 돈을 지불하는 미국 회사들도 많다. 그 회사에서 일하면 급여는 미국인처럼 받으면서 어릴 때 살던 동네에서 다른 포르투갈 사람들과 함께 저렴한 비용으로 살아갈 수 있다. 앤디의 하루는 포르투갈 거리를 돌아다니며 관광객들에게 건축과 문화를 알려주는 일로 채워질 것이다. 물론 그는 이런 일에 열정을 품고 있을 뿐만 아니라 가르치는 데 필요한 도구도 갖추고 있다.

앤디는 방금 또 다른 등반을 시작했다. 가능성은 무궁무진하다.

'대체하기'의 달인이 되는 법

당신의 도구함에 위에서 예로 든 다양한 도구들이 없더라도 불행한 삶을 살아야 하는 건 아니다. 나는 우리 삶에 목적과 등반이 함께하려면 결국 더하기의 기쁨을 이용해야 한다고 생각하지만,

때론 '대체하기의 달인'이 되는 것도 도움이 된다.

그렇다면 '대체하기'란 무엇을 의미할까?

싫어하는 직장에 다니는데 돈이 절실히 필요하다면 어떤 변화를 이루어야 상황을 개선할 수 있을까? 몇 가지 가능성이 있다. 현재 직장에서 팀이나 직책을 바꿀 수 있는지 확인해보자. 어쩌면 당신이 정말 싫어하는 대상은 일이 아니라 상사일지도 모른다. 같은 회사 내의 다른 팀으로 옮겨서 새로운 상사 밑에서 일할 수 있을까? 상사는 괜찮은데 지금 부서가 당신에게 맞지 않는다면 다른 부서를 알아보자. 어쩌면 회사 자체가 문제일지도 모른다. 새로운 직장으로 옮기면 같은 일을 하면서도 삶이 나아질 수 있다. 이직할 방법이 있을까?

당신이 지금 일하고 있는 직장에는 내가 잘 모르는 변수들이 많으리라 생각한다. 문제는 어떻게 그 변수를 조정해서 삶을 개선하느냐 하는 것이다. 대체는 더하기와 빼기보다는 덜 강력하지만 인생의 변화는 가장 단순한 일에서부터 시작되는 법이다. 삶의 아주 작은 부분에라도 여유를 만들어두면 결국 더 나은 방향으로 나아갈 수 있도록 큰 변화가 생길 수 있다.

사는 장소도 대체할 수 있을까? 앞서 얘기한 지리적 차익은 아주 강력한 도구가 될 수 있다. 사는 동네나 도시, 심지어 나라를 바꾸면 돈을 더 효율적으로 쓸 수 있다. 물가가 저렴할수록 자신에게 맞지 않는 일을 하면서 벌어야 하는 돈도 줄어든다.

소비 방식을 바꿀 수 있을까? 외식 대신 가능한 집밥으로 바꿔 보자. 스타벅스에 가지 말고 저가 브랜드 커피로 대체하자. 물건 값이 비싼 마트 대신 할인마트에 가보면 어떨까? 여기서 핵심은 자기가 정말 좋아하는 활동을 없애거나 포기하는 게 아니다. 낭비되는 부분을 관리해서 여유를 키우는 것이다. 그러면 숨 쉴 수 있는 여지가 늘어난다.

그 어떤 훌륭한 장비도 행동을 이길 순 없다

내 친한 친구 스티븐은 늘 프로 레이싱 선수를 꿈꿔왔다. 전문 적인 선수를 양성하는 드라이빙 스쿨에 다닐 돈만 있었다면 자기 도 괜찮은 선수가 되었을 거라며 그는 종종 한탄했다. 그런 꿈이 가능했던 시절은 지나갔고 여전히 돈은 없지만, 그 꿈을 중심으 로 한 등반을 시작하지 못할 이유는 없다.

등반은 융통성이 있다. 등반으로 가득한 삶을 만드는 방법에 는 여러 가지가 있다. 스티븐은 자동차 레이스와 관련한 블로그 나 팟캐스트를 시작할 수도 있다. 근처 경기장에서 자원봉사를 하거나 유명한 레이싱 팀에서 일자리를 구할 수도 있다. 자동차 레이스 팬들을 위한 지역 지부나 단체를 만드는 방법도 있다. 돈을 크게 들이지 않고도 열정을 즐길 수 있는 방법들은 많다. 인터넷은 아이디어와 열정을 사고파는 장터를 만들었고, 거기에서는 무료나 저렴한 가격으로 얻을 수 있는 것들이 아주 많다.

다시 한번 강조하지만, 등반의 가장 좋은 점이자 핵심은 정상이나 목적지가 아니라 등반 과정에서 느끼는 즐거움이다. 이런 즐거움은 등반을 통해 만나는 사람들이나 그들을 중심으로 구축된 커뮤니티와 밀접하게 연관되어야 한다. 스티븐은 인디 500Indy 500('인디애나폴리스 500 레이스'의 약칭. 세계에서 가장 규모가 큰 자동차 경주 대회 중 하나—옮긴이) 같은 경기에서 우승해 명예와 찬사를 누리지는 못하겠지만, 자기가 사랑하는 삶을 살면서 비슷한 열정을 지닌 사람들과 교류하는 방법을 통해 똑같은 이득을 누릴 수 있다. 이렇게 만난 사람들이 스티븐의 지지자가 되어 언제나 변함없이 그에게 힘을 줄 것이다.

장비가 필요한 활동에 참여할 때도 마찬가지다. 주변 사람들이 러너가 되기 위한 마음의 준비를 하겠다면서 비싼 러닝화와 스마트 워치를 구입하는 모습을 얼마나 자주 보았는가? 하지만 몇 달 뒤에 보면 그런 물건들은 전부 제대로 쓰지도 않은 채 옷장 속에 처박혀 있다. 러너가 되고 싶다면 그냥 지금 당장 밖으로 나가 달리면 된다. 값비싼 물건과는 아무 상관도 없다. 장비가 꼭 필요하다면 그런 걸 파는 중고 시장이 아주 많다. 장비 걱정은 그만하고 이제 몸을 움직이자.

악순환을 끊을 수 있는 사람은 당신뿐이다

우리는 돈이 늘 부족하다고 생각하지만 시간도 마찬가지다. 시간 부족은 사람들이 새로운 등반을 할 수 없다고 생각하는 일반적인 이유 중 하나다. 특히 생계가 막막하다고 느끼는 사람들이 이런 불만을 자주 토로한다. 최저 임금을 받는 직장에 다니면서 야근과 주말 근무, 추가 교대 근무까지 하느라 너무 바쁘기 때문이다.

솔직히 말하면 나는 그런 입장에 처해본 적이 없다. 적은 임금으로 근근이 살아본 적이 없으니 그 기분이 어떤지도 알 수 없다. 하지만 그들에게 해줄 수 있는 말은 있다. 어느 연구의 데이터에 따르면 부유층일수록 더 장시간 일하고 여가 시간은 적은 경향이 있다. 이러한 현상에 두고 《애틀랜틱》의 부편집장 데릭 톰슨Derek Thompson은 "미국에는 자유 시간의 역설이 존재한다."고 쓰기도 했다.[42] 흔히들 부유층이 여가 시간을 가장 많이 누리고 빈곤 노동자들은 그렇지 않다고 생각하지만 실상은 정반대의 현상이 일어나고 있는 것이다.

톰슨은 여러 가지 이유를 제시했지만 사실 오늘날은 과거 어느
때보다 여가 시간이 풍부하다. 미국시간활용조사_{American Time Use}
_{Survey}의 분석에 따르면 미국인들의 여가 시간은 하루 평균 다섯
시간이 넘는다.[43] 저소득층이나 교육 수준이 낮은 사람들은 이 수
치가 훨씬 더 높다. 따라서 여가 시간이 부족해서 등반을 못한다
는 얘기는 앞뒤가 맞지 않는다. 그렇다면 사람들은 왜 이런 변명
을 하는 걸까?

사람들이 의미 있는 방식으로 목적을 추구하지 못하는 이유가
돈과 시간 부족 때문만은 아니지만, 그것이 특권을 누리는 사람
과 그렇지 못한 사람 사이의 차이를 증폭시키는 것만은 분명해
보인다. 왜 그럴까? 이를 뒷받침할 과학적 데이터는 없지만 나는
왜 그런지 알 것 같다. 결국 모든 것은 행복으로 귀결된다.

이 책 앞부분에서 얘기했듯이 행복은 의미와 목적으로 구성된
다. 의미는 우리가 과거를 해석하고 자신을 이야기의 주인공으로
느끼는 방식이고, 목적은 현재 그리고 미래와 관련된 것이다. 생
계를 유지하려고 고군분투하면서 좋아하지 않은 일을 하며 직장
에 갇혀 있다면 과거의 어려움에서 의미를 찾기가 어렵다. 그 결
과 피해의식이 더 강해진다. 앤디는 2008년 금융위기를 초래한
무모한 은행들의 탐욕 때문에 고소득 일자리를 구할 수 없었다.

그가 대학을 졸업했을 때 경제는 혼란에 빠져 있었다. 스티븐은 부모님이 그를 지원해줄 돈이 없었기 때문에 자동차 레이서의 꿈을 펼칠 수 없었다. 결국 우리가 스스로에게 들려주는 이야기는 부정과 상실감으로 흐려진다.

과거에 대해 이렇게 느낀다면 어떻게 현재와 미래를 긍정적으로 생각하고 바라볼 수 있겠는가? 삶의 모든 것이 부족하다고 느껴지면 풍요로운 사고방식을 갖기 어렵고, 선순환이 아닌 악순환의 고리에 빠져버린다.

당신이 바로 그런 상황에 처해 있다면 그건 당신 탓이 아니다. 누군가 당신을 구덩이에 빠뜨리고 사다리를 치워버린 것 같은 기분을 느끼고 있다면 그건 당신 탓이 아니다. 그런 상황에서 어떻게 등반이 가능하겠는가? 이에 나는 두 가지 의견을 제시하고 싶다. 첫째, 규모가 아무리 작아도 상관없으니 사소한 등반을 한번 시도해보자. 여가 시간을 틈틈이 사용해서 충족감을 주는 어떤 일을 하는 것이다. 그걸 이 세상에 당신이 통제할 수 있고 즐거움을 안겨주는 무언가가 있음을 상기시켜주는 작은 신호로 삼자. 그리고 이걸 열정적으로 보호하면서 조금이라도 여유가 생길 때마다 계속 키우고 가꿔나가자.

둘째, 이야기 치료를 활용해보자. 상담 치료사를 구할 여력이 없는 상황에서 자신에게 들려주는 부정적인 이야기를 어떻게 평가할 수 있을까? 어떻게 해야 이야기를 검토하는 과정에서 자신의 본질적인 선함과 그 사건을 둘러싼 부정적인 감정 또는 트라우마를 분리할 수 있을까? 어떻게 피해자가 아닌 영웅이 되는 방식으로 자신의 이야기를 다시 쓸 수 있을까?

자신의 목적을 깨닫고 등반을 실천하면 자신뿐만 아니라 주변 사람들까지 행복해지는 이점이 생긴다. 우리는 세상에 남길 유산에 대해 이야기할 때 내가 이루어낸 성취나 깨뜨린 기록, 벌어들인 돈 등을 바탕으로 이야기하는 경우가 많다. 하지만 사실 유산은 그보다 더 깊고 심오한 것이다. 진정한 유산은 우리가 만났던 사람이나 형성한 공동체를 통해서 생긴다. 제3부에서 이야기하겠지만 작은 목적을 활용해서 유산을 남기는 것보다 더 좋은 방법은 없다.

그게 바로 세상을 바꾸는 방법이다. 하지만 그러려면 먼저 자신이 할 수 있다고 믿어야 한다. 이제 핑계와 변명은 버리자.

인생의 변화를 위한 목적 처방전: 시간 점검하기 ②

- 다음 주에 한 시간씩 두 번, 따로 일정을 비워두자. 가능하면 전자 기기를 전부 끄거나 휴대전화를 무음으로 설정해두고 방해받지 않을 조용한 장소를 찾아보자.
- 지금부터 시간 일지를 작성할 것이다. 휴대전화 앱을 사용하거나 종이

와 연필을 이용해 기록하도록 한다. 점검 작업의 부담을 덜려면 이틀 혹은 삼일에 걸쳐서 진행하는 게 좋다. 또 분 단위가 아니라 시간 단위로 추적해야 한다.

- 시간을 추적 기록하는 날에도 평소에 하던 활동을 그대로 하라. 지금은 결론을 내릴 때가 아니므로 정확한 기록을 남기는 게 중요하다.

- 기록을 끝마친 날로부터 최소 7일 뒤에 데이터를 분석한다. 데이터를 심층 분석하기 전에 잠시 여유를 갖자. 매시간을 생산적인 활동으로 채워야 할 필요는 없다. 그러면 오히려 지칠 것이다.

- 이제부터가 어려운 부분이다. 어느 하루를 골라서 생산적인 시간과 비생산적인 시간을 분리해보자. 하루 동안 이룬 일이 너무 많거나 적어서 놀랐는가?

- 여가 시간은 얼마나 되는가? 평균적인 미국인은 하루 여가 시간이 다섯 시간이라는 점을 기억하자. 그와 비교하면 어떤가? 여가 시간에는 보통 무엇을 하는가?

- 여가 시간을 잘 보냈다는 기분이 드는가? 여가 시간에 한 활동이 활력을 되찾거나 휴식을 취하는 데 도움이 되고 또 즐거웠는가? 시간을 낭비했다고 생각한 활동은 무엇인가?

- TV 시청 시간이 얼마나 되는가? SNS에는 얼마나 많은 시간을 쏟는가? 그 몇 분 혹은 몇 시간이 당신 삶에 도움이 되는가 아니면 해가 되는가?

- 최근에 시간이 부족해서 관심 있는 일을 하지 않기로 결정한 적은 언제인가? 시간 일지를 확인한 결과, 실제로 시간이 부족했는가?

- 점검을 마치고 난 기분이 어떤가? 혹시 새롭게 발견한 사실에 놀랐는가? 아니면 속상한가? 새로 알게 된 사실 때문에 습관이나 활동을 바꾸고 싶은 마음이 드는가?

● 다시 한번 말하지만 여기에는 정답도, 오답도 없다. 이번 점검을 통해 시간을 좀 더 구체적으로 느끼게 되었길 바란다. 시간이 아주 많다고 느껴지는가, 부족하다고 느껴지는가? 부족하다고 느껴진다면 어떻게 해야 이런 인식을 바꿀 수 있겠는가?

작은 목적은
인생 최고의 유산이 된다

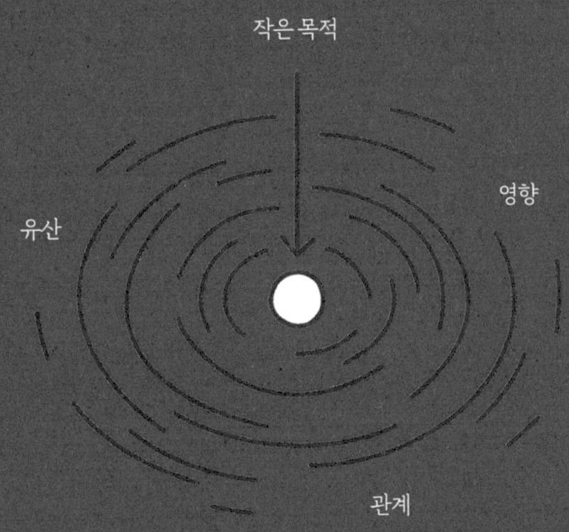

작은 목적
유산
영향
관계

지금까지 목적의식을 설명하며 '작은 목적'이라는 말을 사용했는데, 엄밀히 말해서 이건 약간 부정확한 표현이다. 우리의 정의에 따르면 목적의 크기는 작을 수 있지만 거기에 담긴 '잠재력'은 결코 작지 않기 때문이다. 사실 그 잠재력은 기하급수적으로 증가한다. 지금부터 그 이유를 알려주고자 한다.

큰 목적은 처음에는 마땅하고 대단하게 들리지만 우리 모두가 바라는 영향력과 유산을 만들어내지는 못한다. 이는 직관에 반하는 생각인데, 우리는 늘 자라면서 부모님이나 SNS, 그리고 사회 곳곳에서 "최고가 되어야 한다."는 말을 들어왔기 때문이다. 하지만 그 '최고'가 무엇을 의미하는지 명확하게 정의하는 경우는 매우 드물다.

'최고가 되는 것'은 돈을 많이 버는 것, 직장에서 뛰어난 성과를 올리는 것, 유명해지는 것 등을 의미할 수 있다. 이런 성취는 겉보기에는 대단해 보인다. 하지만 자세히 들여다보면 진정한 영향력은 인스타그램에 올릴 만한 순간을 만들어 친구와 팔로워들의 부러움을 사는 데 있다기보다 '최고의 자신'이 되어 주변인들과 긴밀한 관계를 맺는 데서 비롯됨을 알 수 있다.

내가 말하는 유산은 오늘 당신이 했던 일이 죽은 뒤에도 오랫동안 지속되면서 당신을 알고 사랑했던 이들의 마음속에 살아 숨 쉬는 것을 뜻한다. 이런 영향력을 발휘하려면 사회적 이익을 창출하거나 엄청난 개인적 발전을 이루어야 한다고 오해하는 이들이 많다. 적어도 노벨상을 받거나 억만장자가 되어야 한다고 말이다.

하지만 알다시피 이런 거대한 목적은 일반적으로 달성이 불가능하다. 많은 이가 노력하지만 상위 1퍼센트 정도만 성공한다. 그렇다면 하위 99퍼센트는 아무런 영향력도, 그 어떤 유산도 남기지 못한 채 실패자로 세상을 떠나야만 하는 걸까? 우리는 세상이 그런 식으로 돌아가지는 않는다는 걸 안다. 그런 건 옳지 않다고 느낀다. 하지만 모든 걸 큰 목적이라는 바구니에 담으면 이런 함정에 빠지기 쉽다. 그러니 우리가 불안해하는 것도 당연하다.

심지어 큰 성공을 거둔 사람들도 시간이 흐르면서 자신의 노력이 물거품이 되는 모습을 보곤 한다. 발명가들이 만든 제품이나 결과물은 결국 그보다 좋은 아이디어로 대체된다. 또 '부자는 3대를 못 간다'는 속담처럼 억만장자의 상속인들은 단 몇십 년 만에 가문의 재산을 다 잃는 경우도 많다. 정말 당혹스러운 일이다.

그렇다면 어떻게 해야 불안해하지 않으면서 세월이 흘러도 건재한 유산을 만들 수 있을까? 어떻게 해야 우리의 가장 좋은 부분을 후손들에게 전달할 수 있을까?

그 답은 예상치 못한 곳에서 얻을 수 있다. 후손들에게 긍정적인 영향을 미칠 수 있는 방법을 알아내려면 역으로 우리가 그들에게 어떤 식으로 부정적인 영향을 미치는지 연구해보면 된다. 이미 세대 및 유전적 트라우마에 관한 이론이 여러 곳에서 많은 논의를 거쳐 결론이 나온 상태다.[44] 우리가 겪은 트라우마가 여러 세대에 걸쳐 미래로 전달된다면 반대로 세대 간 성장 또한 미래로 전달되는 방법이 존재할 것이다.

마지막으로, 임종 전에 후회하는 일들에 관한 얘기로 돌아가서 이런 후회가 정말 중요한 일을 이루지 못한 데서 비롯되는 경우가 얼마나 많은지 살펴볼 것이다. 더 깊이 파고들어가 보면, 사실 그들이 정말로 두려워하는 것은 아무것도 남기지 못한 채로 사랑하는 이들에게서 잊히는 것이다. 그들은 남들에게 영향을 미치지 못했다는 사실을 두려워하고, 심장이 멈추고 세포 분열이 끝나면 자신의 가장 좋은 부분이 사라질까 봐 두려워한다.

이때 우리가 계속 살아갈 수 있다는 걸 알면 얼마나 안도가 될까. 수백 년 뒤 우리 후손들의 성공이 오늘날 우리가 남기는 유산과 직접적으로 관련이 있다는 점을 안다면 말이다. 너무 좋게 들려서 사실일 것 같지 않은가. 누구나 이를 위해 필요한 도구를 가지고 있다고 말한다면 믿겠는가. 사실 유산을 쌓는 일은 생각보다 복잡하거나 어렵지 않다.

혼자서는 목적에 도달할 수 없다

지금까지 의미, 목적, 행복 같은 큰 개념을 논의하는 데 많은 시간을 할애했다. 이쯤에서 중대 발표를 하나 해야겠다. 사실 나는 지금까지 당신에게 거짓말을 했다. 농담이 아니다. 앞서 제1~2부에서는 지금보다 나은 삶, 행복한 삶을 살려면 이 세 가지 개념을 분석해야 한다고 설득했다. 그런데 진실을 말하자면 의미와 목적은 목표가 아니다. 행복도 목표가 아니다. 내가 여러분에게 정말 바라는 것은 관계와 공동체다. 그게 진정한 성공의 모습이다.

왜 이렇게 오랫동안 이 말을 미뤘을까? 간단하다. 관계, 공동체, 유산은 성취감에 가장 큰 영향을 미치지만 노력이 별로 들지 않기 때문이다. 결국 비용을 거의 들이지 않고도 최종적인 보상을 얻을 수 있다는 얘기다! 이는 작은 목적이 있는 삶을 살아갈 때 주어지는 자연스러운 산물이다. 앞서 말했듯이 이런 삶을 살다 보면 저절로 '그들'이 찾아올 것이다. 여기서 말하는 그들은 당신이 맺는 인간관계와 공동체, 즉 당신의 사람들이다.

이 장에서는 먼저 사람 자체가 목적이 될 수 없는 이유부터 설명하려고 한다. 때로 우리는 부모님이나 배우자, 자녀를 위해 살고 있다고 느끼곤 한다. 하지만 최고의 내가 되려면 그들 너머의 목적을 찾아야 한다.

사람 자체는 결코 목적이 될 수 없지만 목적은 주변 사람들과 깊은 유대감을 만들어준다. 그렇게 의식적으로 매우 의미 있는 활동에 몰입하다 보면 자신과 같은 소명을 가진 이들을 만나기 마련이다. 공통된 목표와 관심사를 통해 그들과 유대감이 형성되면 이들이 결국 우리의 공동체를 이루게 된다.

이렇게 공동체를 구축하는 과정에서 우리는 목적을 유산으로 남긴다. 주변 사람들과 마음을 나누고 그들의 삶에 변화를 일으킨다. 그리고 그 변화는 바다에 떨어진 조약돌처럼 작지만 아주 멀리까지 퍼지는 물결을 만들어낸다.

사람은 목적이 될 수 없다

후안은 가정적인 사람이었다. 그는 아내와 두 어린 자녀가 좀 더 풍족한 삶을 살았으면 하는 마음에 오래전 미국으로 이주해왔다. 그의 목표는 단순했다. 사업을 시작하고 좋은 동네로 이사 가는 것. 처음에는 대담한 목표처럼 느껴졌지만 후안은 자신의 능력을 믿었다. 그는 뛰어난 요리사였다. 그는 이 장점을 활용해 고급 레스토랑에서 일자리를 구했고, 나중에는 직접 레스토랑을 개업했으며 결국 이를 체인 사업으로 키웠다.

그런데 사실 후안은 기업가가 되는 일에 관심이 없었다. 심지어 요리하는 것도 별로 좋아하지 않았다. 어린 시절 그는 화가나 무용수를 꿈꿨지만 그런 걸로는 생계를 유지할 수 없었다. 하지만 그는 사랑하는 가족을 부양해야 한다는 깊은 열망이 있었고 그런 이유로 요리사의 길을 선택했다. 그는 자신의 결정에 만족했을 뿐 아니라 그 결정이 진심으로 옳다고 믿었다.

후안의 레스토랑 체인은 큰 성공을 거두었고 덕분에 가족은 도시 내 최고 학군으로 이사할 수 있었다. 그의 자녀들은 후안과는 다르게 자랐다. 그들은 최고의 도서관, 최고급 운동 시설, 최신 첨단 기기를 이용할 수 있었다. 후안과 그의 가족은 부유했다.

그의 아내는 군이 일할 필요가 없었다. 대신 그녀는 여러 단체에서 자원봉사를 하고 아이들 학교의 이사회에서 활동했다. 심지어 사업 수익금 일부를 이용해 노숙자 쉼터와 무료 급식소도 열었다. 할 일이 너무나 많았다. 후안은 현대 미국 사회의 분주함으로 가득한 바쁜 가족의 가장이었다. 후안과 그의 아내는 거의 모든 여가 시간을 이런저런 연습실이나 학원에 아이들을 데려다주는 데 썼다. 당시 후안에게 인생의 목적은 '가족'이었다. 가족은 그가 아침에 눈을 뜨는 이유였고 직장에서 고된 하루를 보내는 이유였다. 해가 뜨는 순간부터 지는 순간까지 쉬지 않고 일하는 후안에게 그보다 더 좋은 이유는 없었다. 후안은 '좋은 부모는 다들 이렇게 한다'고 믿었다.

하루하루는 길지만 세월은 빨리 흘러갔다. 후안의 아들과 딸은 차례로 대학에 진학했다. 그리고 후안은 능력이 출중한 새 매니저를 고용했다. 새 매니저는 시간이 많이 걸리는 성가신 일을 모두 떠맡아줬다. 덕분에 후안은 늦게 출근하고 일찍 퇴근할 수 있었고 레스토랑 일이 바쁜 주말에도 출근할 필요가 없었다. 후안이 열심히 일한 이유는 바로 이런 것들을 위해서였다. 만족스러운 은퇴 생활을 누리기에 충분한 돈, 명문 대학에 다니는 성공한 아이들, 더 나은 세상을 만들고 어려운 이들을 돕는 데 모든 시간을 쏟아붓는 아내. 지금은 인생의 황금기라고 해도 좋았다.

하지만 정작 후안은 불행했다.

후안의 문제는 너무 흔한 것이라서 그걸 문제라고 인식하지 못하는 경우도 많다. 우리는 '위대한 희생자'로 살아가는 부모의 역할을 지나치게 이상화해왔다. 이러한 현상을 '즐거운 부모됨의 신화'myth of joyful parenthood라고 부른다.[45] 이 용어는 2011년 워털루 대학교의 심리학자 두 명이 수행한 연구에서 유래되었는데, 이 연구에서 흥미로운 모순이 드러났다. 부모는 자녀 양육에 들어가는 상당한 양의 정서적, 재정적 투자를 정당화하기 위해 아이를 키우면서 얻는 정서적 보상이 수많은 희생보다 더 가치 있다고 스스로를 납득시킨다는 것이다. 비록 그 보상이 언제나 직접적으로 느낄 수 있는 것이 아니더라도 말이다.

후안은 자녀들이 자기 인생의 목적이라고 스스로를 설득했다. 그러나 세월이 흐르자 아이들은 더 이상 그를 필요로 하지 않았다. 아이들은 점점 후안의 신체적 도움은 물론이고 정서적 지지도 구하지 않은 채 자기들만의 삶을 살아갔다. 결혼도 하고 각자 경력을 쌓아갔지만 후안은 그 과정에서 소외되었다.

후안의 아내도 자신의 목적의식에 너무 몰두한 나머지 남편에게 내줄 시간이 거의 없었다. 그녀는 항상 이런저런 행사나 학교 이사회 회의에 참석하고 쉼터의 기금을 모으러 다녔다. 자녀들은 늘 일에 매여 있거나 자기 아이들을 돌보느라 바빴다. 남아도는 시간을 어떻게 써야 할지 몰라 지루해진 후안은 회사로 복귀하려고 했지만, 사업은 이미 숙련된 직원들의 관리 아래 순조롭게 운영되고 있었다. 그제야 무용수가 되고 싶었던 어린 시절의 꿈을 왜 좇지 않았는지 후회가 되기 시작했다. 하지만 지금 그런 일을 하기엔 너무 늦었다는 사실이 유감스러울 따름이었다.

후안의 문제는 무엇일까? 그건 미래 세대에 너무 많은 투자를 한 나머지 자신에게 투자하는 걸 잊어버렸다는 것이다. 자녀들에게 투자하면 본인이 직접 목적의식을 키울 수 있는 건전하고 적응력이 뛰어난 아이들을 키워내는 경우가 많다. 하지만 그 과정에서 부모는 자기만의 개인적인 목적의식을 찾아내고 이를 중심으로 등반을 하려는 노력을 거의 기울이지 않는다.

사람 자체가 목적이 될 수는 없다. 후안의 사례에서는 부모와 자식의 관계를 중심으로 설명했지만 사실 이는 모든 관계에 해당되는 얘기다. 비슷한 이유로 배우자나 손주, 혹은 다른 누구도 우리 삶의 목적이 되어서는 안 된다.

당신은 어떤 본보기를 보여주는 사람인가

자기 자신에 대한 투자는 삶에서 만나는 중요한 사람들에게 사랑을 보여주는 행위와 같다. 후안의 장남 로버트도 이를 잘 알고 있었다. 어릴 때 아버지와 늘 붙어 다녔던 로버트는 후안이 자신을 위해 베푸는 보살핌을 듬뿍 받으며 자랐다. 그래서 무조건적인 사랑과 가족의 지지를 받는다는 게 어떤 느낌인지 잘 알았다. 하지만 후안은 아들에게 개인적인 성취란 무엇인지 보여주는 롤모델은 되지 못했다. 후안은 본인이 운영하는 레스토랑에 진심으로 애정을 느끼지 못했고 로버트는 이를 금방 알아차렸다.

또한 그의 아버지는 가족을 돌보는 것 외에는 다른 관심사나 취미, 열정이 없었다. 로버트는 돈을 벌어 주위 사람들을 부양한다는 것의 가치는 이해했지만, 어딘가에 발붙일 곳 하나 없는 사람이 된 기분이었다. 아직 아내도 가족도 없는 대학 졸업생에게 그게 무슨 의미가 있었겠는가? 로버트는 주변 사람들과 진정으로 소통하는 방법도, 평생 자신을 사로잡을 만족스러운 등반을 시작하는 방법도 몰랐다. 아버지는 그런 본보기가 되어주지 못했다. 로버트가 할 수 있는 유일한 일은 결혼해서 아이를 낳는 일 같았다. 하지만 누구와?

후안의 딸 시시는 어땠을까? 시시는 어릴 때 아버지보다 어머니와 훨씬 많은 시간을 보내며 자랐다. 어머니와 여러 단체에서 자주 자원봉사를 했고 고등학생 때 어머니가 학교 이사회에 출마하자 어머니의 선거 운동 매니저를 맡았다. 시시는 어머니가 자신의 시간을 목적 있는 활동으로 채우는 모습을 직접 목격했다. 그리고 그런 어머니의 모습은 시시에게 강한 영감을 불러일으켰다.

대학에 진학한 시시는 오빠와 매우 다른 삶을 살았다. 그녀는 어머니를 본받아 여학생 클럽에 가입했고 몇 년 뒤에는 지역 지부의 회장이 되었다. 자신의 위치를 이용해 그녀는 음식 기부 운동을 벌이고 캠퍼스 청소 캠페인을 시작했다. 이런 활동은 시시에게 매우 큰 의미가 있었을 뿐만 아니라 조직 운영자, 자선활동가, 사명감을 지닌 사람들로 구성된 공동체와 연결해주었다.

로버트가 어떤 직업을 가지고 싶은지 고민하는 동안 시시는 여러 군데서 취업 제의를 받으며 대학을 졸업했다. 시시가 소속되었던 여학생 클럽 지부장은 그녀가 전국 조직에서 일해주기를 바랐다. 시시가 일했던 여러 자선 단체들도 그녀의 가치를 알아보고 기금 모금 담당자나 행정가로 영입하고 싶어 했다. 그리고 고려 중이던 대학원에서는 거액의 장학금을 주겠다고 제안했다.

나는 지금 가족을 위한 희생이 나쁘다는 얘기를 하려는 게 아니다. 하지만 무조건적인 희생이 자녀의 삶에 목적의식과 의미를 심어주는 데 있어서 좋지 않은 모델임에는 분명하다. 자녀를 양육할 때는 경제적인 측면뿐 아니라 정신적, 정서적인 측면도 중요하다.

우리는 물질적 형태로 제공되는 사랑을 행복의 대체물로 착각하곤 한다. 열정과 아이디어를 지니고 항상 뭔가에 몰두하는 젊은이인 시시는 자신과 깊은 유대감을 형성할 수 있는 다른 사람을 찾을 가능성이 높다. 그리고 그 사람과 함께 인생을 꾸려가면서 자녀를 가질 가능성도 높다. 그리고 그 자녀들은 그런 시시를 보고 배우면서 스스로 매력적인 삶을 살아갈 가능성이 높다.

후안도 로버트를 가족 부양을 위해서는 무슨 일이든 다 하는 사람으로 키웠지만 그의 아내는 시시에게 훨씬 깊은 영향을 미쳤다. 그녀의 활동과 열정은 딸과 미래의 손주들을 위한 자양분이 될 뿐만 아니라 주변 세상에도 영향을 미친다. 시시는 여학생 클럽 회장으로 활동하는 동안 수많은 노숙자에게 음식을 제공하고 그들을 도왔다. 다른 여학생 클럽 및 남학생 클럽과 협력해 캠퍼스를 아름답게 가꾸고 학생들을 위해 더 안전한 환경을 조성했다.

이처럼 목적의식을 가지면 자기 자신뿐 아니라 주변 사람들까지 변화시킬 수 있다.

나의 행복이 공동체에도 이익이 될 때

그렇다고 해서 주변 사람들을 변화시키는 걸 유일한 목적으로 삼아야 한다는 뜻은 아니다. 가족에게 집착했던 후안처럼 목적의식의 포커스를 내면이 아닌 외부에 맞추면 비참한 결과를 초래할 수 있다는 말이다. 시시는 열정적인 프로젝트를 통해 세상에 많은 공헌을 했는데, 그런 열정이 대개 등반 프레임워크에 적합하다는 사실이 중요하다.

그 사이에서 균형을 맞추는 게 좀 힘들 수도 있다. 어머니와 꼭 닮은 딸로 자란 시시는 공동체를 조직하는 활동에서 진정한 기쁨을 느꼈다. 그녀는 부모님이 운영하던 무료 급식소와 어머니가 학교 이사회에 출마했을 때 선거 포스터를 만들던 즐거운 추억을 사랑했다. 그 기쁨은 자신이 하는 일, 어머니와 함께했던 일에 대한 깊은 관심에서 비롯되었다. 그러니 대학을 졸업한 시시가 다른 일자리를 구하지 않고 어머니가 많은 시간과 애정을 쏟은 무료 급식소와 노숙자 쉼터에서 일하게 된 건 당연한 일이었다.

하지만 시시는 조직이 점점 커져가면서 다른 이들을 돕는 일과 관련해 자신이 그토록 좋아했던 직접적인 대면 활동은 전혀 하지 못하고 행정과 모금 활동에만 관여하게 되었다. 그런 식으로 시간이 흐르자 일상적인 활동의 즐거움은 점점 줄어들었고 그것이 미칠 잠재적인 영향만 지나치게 걱정하기에 이르렀다. 기금을 더 많이 모을 수만 있다면 더 많은 사람에게 음식을 나눠주고 더 많은 쉼터를 열 수 있을 것이다. 어쩌면 도시 전체의 노숙자 위기를 해결할 수 있을지도 모른다.

이런 크고 대담한 목표는 말로 표현할 때는 아주 근사하게 들렸지만 실제로는 실패의 본보기가 되었다. 그리고 이 본보기는 시시가 더 이상 공감하지 못하는 여러 일상 활동들과 달성이 거의 불가능한 목표들로 이어졌다. 시시는 목적을 향한 즐거운 등반을 불안이 가득한 크고 대담한 목표로 바꿔버렸다. 이는 임종을 앞둔 어머니가 자선 단체 이사회장에게 쉼터와 급식소 운영을 시시에게 맡기라고 지시하면서 상상했던 모습과는 전혀 달랐다.

어디서 들어본 이야기 같은가? '시시'는 제1장에서 소개한 목적 불안을 겪는 '실리아'를 줄여서 부른 이름이다. 시시는 무료 급식소에서 일하며 느꼈던 순간순간의 즐거움 대신 다른 이들을 돕는 것을 등반의 구심점으로 삼으면서 작은 목적을 크고 대담한 큰 목적으로 전환했다. 그러자 갑자기 어려움에 처한 사람을 보살핀다는 안정된 기분은 사라지고 끝없는 불안감에 시달리게 되었다.

사람들을 돕는 일을 뜻밖의 선물처럼 여긴다면 더 나은 목표가 될 것이다. 야구 카드를 팔아 많은 돈을 번 로만은 자기 가게를 찾아오는 세상 물정 모르는 10대들의 삶을 바꾸려고 애쓰지 않았다. 그의 등반은 오직 야구에 대한 사랑과 물건을 사고파는 즐거움에 기반을 두고 있었다. 하지만 그 과정에서 공동체를 만들고 멘토가 되는 행복한 부수적 효과가 발생했다. 그렇게 로만은 다른 이들을 지키고 성장시키는 동지애의 보루를 구축했다.

진정 자신에게 이익이 되는 방향으로 목적을 추구하면 바로 이런 일이 일어난다. 그러면서도 주변 사람들에게 변함없이 영향을 미칠 수 있다.

당신은 이러한 공동체를 만들고 있는가?

스스로를 돌볼 수 있는 공동체를 만들어라

자신의 목적을 이해하고 추구하면 자연스럽게 공동체가 형성된다. 오늘날 사회에서 가장 기본적인 의미의 공동체는 공통된 특성이나 관심사를 공유하는 사람들의 모임이다. 우리는 사는 동네, 사회경제적 계층, 일요일에 다니는 교회 등을 통해 자기도 모르는 사이 공동체의 일부가 되고는 한다.

우리가 공동체와 얼마나 깊이 연결되는지는 해당 공동체의 일원이 되기로 한 것이 얼마나 중요한 선택이었는지, 정기적으로 얼마나 많은 시간과 감정을 투자하는지에 따라 달라진다. 자의적 선택이 아닌 태생적 특성에 따라 형성된 '정의적 공동체'Definitional communities는 대개 우리의 열정과 별로 연관이 없다. 나는 아이가 집 근처 중학교에 다니기 때문에 65학군의 교육 시스템에 속해 있기는 하지만 학교 일에 별로 자발적으로 참여하지도 않고 특정

학군의 일원이라는 사실이 나라는 사람을 규정하지도 않는다.

하지만 우리 삶에서 더 중요한 역할을 하는 다른 형태의 공동체도 있다. 이런 공동체를 '내적인 목적이 있는 공동체'communities of internal purpose라고 한다.[46] 이런 공동체는 외적인 단체와 다르게 우리 자신을 돌보기 위해 존재하며, 서로 지지하고 배우고 성장하려고 모인 개인들로 이루어진다. 이들의 목적은 동료 의식을 키우고 서로를 지지하는 깊은 관계를 구축하는 것이다.

이런 내적 공동체의 일원이 되면 정말 멋진 일들이 일어날 뿐만 아니라 이를 통해 얻을 수 있는 이점들도 많다. 2020년에 발표된 한 논문에 따르면 다양한 생애 단계에서 공동체 소속감과 건강 사이에 높은 연관성이 있는 것으로 나타났다.[47] 또 공동체 참여와 사회 참여가 증가할수록 노년기 건강이 좋아지고 사망 위험이 크게 감소하는 것으로 드러났다.[48] 놀랍게도 이는 금연, 절주, 규칙적인 운동, 건강한 식단 유지만큼이나 뚜렷한 효과를 불러올 수 있었다. 마지막으로, 2022년 《사이콜로지》에 발표된 연구에 따르면 은퇴자들이 다양한 사회 단체나 공동체에 참여할 경우 주관적인 웰빙 또는 행복감이 증가한다고 한다.

이런 연구 결과들은 모두 익숙한 이야기를 들려준다. 바로 공동체 활동에 참여하는 사람들은 더 오래 살고 건강하며 남들보다 더 큰 행복감을 느낀다는 것이다. 그리고 이 효과는 일반적인 목적 추구에서 발생하는 효과와 동일하다.

삶의 풍요로움을 느끼는 최고의 방법

어느덧 공동체는 나의 전부가 되었다. 열정과 목적의식이 가득한 내게 딱 맞는 공동체를 찾았을 때 나는 비로소 그 사실을 깨달았다. 의료계는 내게 이런 역할을 해주지 못했다. 의료계의 목적의식은 더 이상 내 정체성에 부합하지 않았다. 다른 의사들과 소통이 끊어지고 소외된 기분마저 들었다. 나는 여러 가지 면에서 이미 그 공동체를 벗어나 있었다. 의사 친구를 많이 사귀지도 않았고 다른 의사들을 만날지도 모르는 곳에는 별로 가고 싶지 않았다.

의학계를 떠난 뒤에 훨씬 만족스러운 다른 공동체를 발견했다. 개인 재무에 관심을 가진 덕에 재정적인 독립에 관심을 가진 이들을 만날 수 있었다. 이 공동체 사람들은 현명한 자금 관리와 소비 습관을 통해 재정적인 자유, 즉 돈 걱정 없이 자기가 정말 하고 싶은 일을 하기에 충분한 자금을 모을 수 있다고 믿는다.

블로그와 팟캐스트를 운영하고 온라인 그룹에 가입하고 콘퍼런스에서 실제 회원들을 만나면서 나는 이 공동체에 푹 빠졌다.

의사 동료들과는 다르게 이 공동체 사람들과는 깊은 유대감을 느꼈다. 이들은 모두 같은 가치관을 공유하고 있었고 희망과 포부도 비슷했다. 그 안에서 내가 정말 관심 있는 몇몇 등반 코스의 더 높은 지점에 올라가 있는 사람들을 만났다. 그들은 내가 계속 나아갈 수 있도록 도움의 손길을 내밀어주었다. 또 나는 나보다 몇 걸음 뒤처진 사람들과도 교류했다. 그들은 내가 막 통과한 지점에서 어려움을 겪고 있었는데, 난 그들에게 도움이 될 유용한 비법과 요령을 많이 알고 있었다.

그렇게 난 예상치 못한 방식으로 성장하기 시작했다. 작가가 되어 책을 출판하고 싶다는 평생의 소망이 흐릿한 꿈에서 선명한 현실로 바뀌었다. 공동체에 속한 여러 사람들이 이미 그 일에 성공한 사람들과 나를 연결해주었다. 내가 막 탐험하기 시작한 길을 걸어본 경험이 있는 그들은 내게 기꺼이 조언도 해주고 도움을 줄 만한 다른 사람들과 연결해주기도 했다.

공동체의 일원이 되면서 내 삶에도 수없이 많은 작은 변화가 일어났다. 이제 난 전 세계 주요 도시에 친구와 인맥이 있다. 이국땅에 가서도 의지할 수 있는 사람들, 내게도 그런 사람들이 생겼다. 이제 마음 편히 모험에 나설 수 있겠다는 생각이 든다.

얼마 전 나는 미네소타에서 커뮤니티 행사인 '캠프 파이낸셜 인디펜던스'Camp Financial Independence에 참석하기 위해 시카고에서부터 차를 몰고 갔다. 주말 동안 열리는 이 행사는 비슷한 생각을 가진 사람들이 모여서 재정, 인생 목표, 돈을 더 현명하게 사용하는 비결 등을 논의하는 자리다. 그런데 94번 고속도로를 달리다가 4년 전에 같은 모임에서 만난 줄리가 고속도로에서 몇 시간 떨어진 마을에 살고 있다는 게 생각났다. 줄리와 내가 함께 보낸 시간은 다 합쳐봐야 두어 시간 정도밖에 안 되고 작년에는 문자메시지만 몇 통 주고받았다. 나는 가는 도중에 줄리에게 페이스북 메시지를 보내 함께 식사를 하면 어떻겠느냐고 물어봤다. 그러자 줄리는 즉시 좋다고 답장을 보내왔다. 나는 어느새 그녀의 집에 들러 그녀의 남자친구와도 인사를 나눴고 함께 맛있고 몸에 좋은 음식을 만들어 먹을 계획을 세웠다. 우리는 즐거운 대화뿐만 아니라 가치관과 인생의 목적이 같은 사람들과 함께 시간을 보내는 기쁨도 나누었다.

나는 이렇게 잠깐이라도 소통할 수 있는 기회가 생긴 덕분에 깊이 몰입하는 삶을 살게 되었다. 나는 정말 운이 좋은 사람이다. 당신도 이런 행운을 누릴 수 있다. 신나는 행사와 우연한 만남으로 가득한 삶이 내 시간을 즐거운 활동으로 채워준다. 이렇게 공동체의 일원이 되는 것이야말로 최고의 풍요로움을 누리는 방법이다. 우리에게는 배우고 성장하고 즐길 수 있는 수많은 방법이 있다. 혼자가 아닌 '함께' 말이다.

필요한 건 딱 하나, 행동하는 것이다

성공적인 일원이 되기 위한 가장 큰 원동력은 공동체 그 자체와 구성원 그리고 애초에 공동체를 이룬 목적에 대한 내면의 관심에서 생긴다. 나는 재정적 자립 공동체의 아이디어가 마음에 들었고 내게 이 공동체를 소개해준 사람들의 개인적인 자질에 매료되었다. 이렇게 약간의 노력만으로도 손쉽게 다양한 공동체에 참여할 수 있다. 다음과 같은 몇 가지 방법을 활용해보자.

- **최고의 모습을 보인다**: 이 방법에 대해서는 길게 설명하지 않겠다. 작은 목적이 있는 삶을 추구하면 자연스럽게 다양한 공동체와 연결된다는 얘기를 지금까지 계속해왔고 앞으로도 계속할 것이기 때문이다. 과정 자체를 즐길 수 있는 활동에 깊이 빠져들수록 우리는 더 많은 사람을 끌어들일 수 있다. 그리고 이것이 사실상의 공동체가 된다.

- **세상에 있었으면 하는 걸 만든다**: 올해 캠프 파이낸셜 인디펜던스에 참가한 한 발표자가 말하길 자기 룸메이트는 매일 아침 5시 30분에 헬스장에 가서 그렇게 이른 시간에 운동하러 온 모든 사람과 이야기를 나눈다고 했다. 그는 이른 아침 운동을 하러 온 사람은 전부 자신과 비슷한 유

형일 거라고 생각했다. 그래서 거기 있던 모든 사람에게 그날 자기 집에 점심을 먹으러 오라고 초대했다. 그중 몇몇 사람들이 초대에 응했다. 그는 다음 달 내내 일주일에 며칠씩 이런 행동을 반복했다. 그러다 보니 어느새 정기적으로 모여 운동, 시간 활용, 일찍 일어나는 즐거움에 대해 계속 얘기를 나누는 점심 모임이 생겼다.

- **수업에 등록한다**: 풍경화를 좋아하는가? 맛있는 페이스트리를 굽는 베이킹에 취미가 있는가? 수업을 들으면서 더 많은 걸 배울 여유가 있는가? 즐거운 활동에 참여하면 공동체의 일원이 되는 길에 훨씬 더 가까워질 수 있다. 공통된 관심사뿐만 아니라 등반 중에 서로가 비슷한 장소에 있다는 사실을 통해서도 유대감이 형성된다. 함께 성장하고 변화해나가는 동안 함께하는 사람들도 활동만큼이나 즐거움을 준다는 사실을 알 수 있을 것이다.

- **자원봉사를 한다**: 병원, 무료 급식소, 식사 배달 등 다양한 단체에서 자원봉사를 할 수 있는 기회가 많다. 이런 단체들은 늘 힘을 모아 변화를 이룰 사람들을 찾고 있다. 자원봉사는 과거 자신의 힘들었던 시간을 기리는 방법이 될 수도 있고, 가족에게 중요한 의미가 있는 활동을 응원하는 방식이 될 수도 있다. 자원봉사를 하면 다른 이들을 도우면서

얻는 이득뿐 아니라 같은 가치관을 공유하는 이들과 같은 시간, 같은 장소에서 함께하는 기쁨 또한 누릴 수 있다.

- **팬이 된다**: 테일러 스위프트를 좋아하는가? 시카고 베어스(미국의 미식축구팀 이름—옮긴이)는? 특정 양조장에서 제조하는 맥주의 애호가인가? 그렇다면 아예 열렬한 팬이 되어보면 어떨까? 온라인 포럼, 조직적인 행사, 클럽 등은 모두 같은 관심사를 가진 이들을 끌어들이기 위해 만든 것이다. 아무리 내성적인 사람도 온라인에서는 쉽게 소통할 수 있으며 무엇보다 내가 내킬 때만 하면 되어 부담이 없다.

방법은 얼마든지 있다. 참여하고 싶은 공동체를 찾는 방법도 셀 수 없이 많다. 필요한 건 딱 하나, 행동하는 것뿐이다. 공동체가 당신에게 다가오기까지 기다리지 말라. 직접 공동체를 만들거나 힘을 내서 찾아 나서라. 인생에서 가장 좋은 것을 얻는 데 돈은 들지 않을 수도 있지만 에너지는 써야 한다.

혼자 살아갈 수 있는 사람은 아무도 없다

이 장 첫머리에서 다른 사람들은 우리의 목적이 될 수 없다고 이야기했다. 진정한 성장을 이루려면 사랑하는 이들에게서 벗어나 자아감을 키우고 내가 본질적으로 기쁨을 느끼는 활동을 추구해야 한다. 이것이 작은 목적이다. 하지만 그렇다고 해서 다른 사람들이 행복 방정식의 중요한 부분을 아예 차지하지 않는다는 뜻은 아니다.

사실 다른 사람들은 매우 중요한 요소다. 우리가 삶의 목적을 만드는 이유는 이러한 공동체를 통해 사람들과 '연결'되기 위해서다. 공동체는 우리를 양육하고 성장을 돕는다. 공동체는 과거의 의미를 현재와 미래의 행동으로 전환하고, 목표나 결과에 상관없이 우리가 일상생활에 참여하도록 돕는다. 또한 그 혜택은 단순한 내면의 행복이나 웰빙보다 훨씬 깊은 의미를 지니고 있다. 다음 장에서 살펴보겠지만 목적을 추구하고 공동체를 만들면 주변 사람들뿐만 아니라 그들의 친구, 지인, 아이들에게까지도 깊은 영향을 미친다. 그리고 이러한 영향은 수년, 수십 년, 심지어 여러 세대에 걸쳐 지속될 수도 있다.

바로 이것이 우리가 말하는 유산이다. 제9장에서는 우리 자신보다 오래 지속될 유산을 만드는 방법을 알려줄 것이다. 그 전에 이 장에서 배운 내용을 최대한 활용할 수 있도록 간단한 연습을 하나 해보자.

- 다음 주에 한 시간씩 두 번, 따로 일정을 비워두자. 가능하면 전자 기기를 전부 끄거나 휴대전화를 무음으로 설정해두고 방해받지 않을 조용한 장소를 찾아보자.

- 빈 종이에 선을 그어 종이를 두 부분으로 나눈다. 선은 가로로 긋든 세로로 긋든 상관없다.

- 한쪽에는 당신이 선택하지 않았지만 현재 속해 있는 공동체를 모두 적는다. 소속 공동체는 거주지, 종교, 출신 국가, 언어 등에 따라 다를 것이다.

- 다른 쪽에는 당신이 선택해서 참여한 공동체를 모두 적는다. 일례로 출신 대학, 소속된 스포츠팀이나 운동 클럽, 기타 취미나 관심사, 즐거움에 따라 선택한 공동체 등이 있다.

- 내적인 목적이 있는 공동체라고 생각되는 곳에 동그라미를 친다. 이는 스스로를 돌보기 위해 존재하는 공동체, 서로를 지지하면서 배우고 성장하기 위해 모인 사람들로 구성된 공동체를 말한다.

- 당신이 선택한 공동체와 그렇지 않은 공동체 가운데 어느 쪽에 더 소속감을 느끼는가? 내적인 목적이 있는 공동체는 다른 공동체와 근본적으로 다른가? 다르다면 어떤 식으로 다른가?

- 이런 공동체에 참여하면서 당신의 삶이 어떻게 바뀌었는가? 거기서 새로운 친구를 사귀거나 매우 중요한 조언을 해준 멘토를 소개받았는가?

- 이 책을 읽기 시작한 뒤로 고려하게 된 작은 목적의 구심점을 몇 가지 생각해보자. 당신과 같은 관심사를 공유하는 사람들과 관련된 그룹이나 모임, 팬클럽이 있는가? 있다면 어떻게 그들을 찾을 수 있을까?

- 마지막으로, 종이 뒷면에 참여하고 싶은 공동체를 5~10개 적어보자. 이런 공동체에 가입하면 시간을 유용하게 쓸 수 있을까? 이런 유형의 사람들 곁에 있으면 가장 진정성 있는 자신의 모습을 보일 수 있을까?

다른 이들과 교류하거나 좋은 공동체의 구성원이 되는 것은 마치 근육과 비슷해서 잘 사용하면 발달하고 사용하지 않으면 위축된다. 낯선 사람을 만나는 것이 불안하게 느껴질 수도 있지만 장기적인 이점이 위험보다 훨씬 크다는 점을 기억하자. 목적의식을 가지고 다른 사람들과 교류하면 그들에게 깊은 영향을 미치고 그 결과 오래도록 지속되는 유산을 만들 가능성이 훨씬 커진다. 다음 장에서 이 개념을 자세히 살펴보도록 할 것이다.

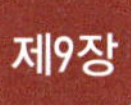

제9장

과거의 트라우마를 활용하라

몇 년 전에 유명한 재무 테라피스트(재무 상담사financial advisor와 심리 상담사therapist의 역할을 함께 하는 사람—옮긴이)인 브래드 클론츠Brad Klontz와 테드 클론츠Ted Klontz(두 사람은 부자 관계다)를 내가 진행하는 팟캐스트에 게스트로 초대한 적이 있다. 대화 중에 테드는 자기 가족의 삶에 스며든 세대 간 트라우마에 관한 이야기를 들려주었다. 그는 젊은 시절 돈을 벌려고 고군분투하면서 한 번에 여러 가지 일을 병행하던 시절을 떠올렸다. 어느 날 저녁, 진척 없는 상황에 좌절감을 느끼면서 막 잠이 들려던 참에 갑자기 흥미로운 생각이 떠올랐다. '적어도 사람들이 날 게으르다고 탓할 수는 없을 거야!'라는 생각이었다.

테드는 이런 생각을 하게 된 계기를 살펴보다가 자신의 가족사에 대해 자세히 알게 됐다. 그의 증조할아버지는 여동생 둘과 함께 아일랜드에서 미국으로 이주했지만 재정적으로 성공한 적이 없었다. 결국 증조할아버지는 구빈원에서 돌아가셨다. 다른 가족들은 그가 성공하지 못한 건 게을렀기 때문이라고 말했다. 시간을 빨리 감아서 테드의 외할아버지 시대로 가보자. 그는 대공황 때 가족 농장을 지키려고 새벽부터 밤까지 동시에 여러 가지 작업을 처리하면서 몸이 부서져라 일했다.

테드는 깜짝 놀랐다. 그는 조상들이 겪은 것과 같은 불행을 겪고 있었다. 그리고 그 불행은 성공과 웰빙, 행복에 대한 감각에 지대한 영향을 미쳤다. 테드와 브래드는 부의 축적과 관련된 이런 세대 간 트라우마를 이해하기 위한 틀을 만들고 재무 행동을 좌우하는 돈에 관한 핵심 신념을 설명하기 위해 **머니 스크립트**money scripts라는 신조어도 만들었다. 머니 스크립트는 네 가지 유형으로 나뉘는데, 금전 회피money avoidance(돈을 부정적으로 생각하며 거부하는 것), 금전 숭배money worship(돈을 숭배하는 것), 금전 계급money status(돈이 지위를 나타내준다고 생각하는 것), 금전 경계money vigilance(돈을 지나치게 경계하는 것)가 그것이다.

이것이 목적이나 유산 만들기와 어떤 관련이 있을까? 이 장에서는 스크립트를 뒤

집어 과거의 트라우마에서 잘못된 대처 행동이 비롯되는 방식을 살펴볼 것이다. 또한 성장과 풍요 지향적인 스크립트를 계승해 지금보다 더 괜찮고 행복하고 적응력이 뛰어난 사람이 되는 방법에 대해 논의하려 한다. 자, 걱정할 필요 없다. 앞서 얘기했듯이 대처 능력이 부족하더라도 이야기 치료 같은 도구를 사용하면 충분히 이 문제를 극복할 수 있다. 그리고 세대 성장 스크립트를 물려받지 못했다 해도 괜찮다. 본인이 직접 작은 목적이 담긴 스크립트를 새로 작성해서 후손에게 물려주면 된다.

친구와 가족에게 (테드의 머니 스크립트처럼) 두려움에 떠는 삶이 아니라 목적과 기쁨으로 가득한 의도적인 삶을 추구하는 본보기를 보여준다면 어떨까? 이 스크립트를 대대로 물려주면 오늘 당신이 한 행동 덕분에 수십 년, 아니 수백 년 후의 당신 후손들도 긍정적인 행동을 하게 될지 모른다. 바다에 던진 조약돌이 잔물결을 만들어내는 것처럼 그 행동이 오랜 세월이 지나서도 계속해서 이어질지 모른다. 어느 지점에서는 밀려 들어오고 어느 지점에서는 밀려나면서도 완전히 사라지지는 않을 수 있다. 이게 바로 우리가 목적을 추구하면서 만드는 유산이다.

당신은 지금 손에 조약돌을 쥐고 모래사장 끝에 서 있다. 이제 조약돌을 던질 준비가 되었는가?

결핍의 사고방식은 어떻게 다음 세대로 이어지는가

세대 간 트라우마란 경제적, 문화적, 가족적 고통을 겪은 개인이나 집단의 트라우마가 한 세대에서 다음 세대로 이어지는 것을 뜻한다. 트라우마는 같은 시대나 장소에 있던 사람들이 겪는 것이지만(예: 홀로코스트, 대공황, 20세기 초 스페인 독감의 대유행 등) 이들의 불안, 두려움, 우울증은 후손에게도 전해진다. 실제 유전자에 변화가 생겨서 트라우마가 세대를 거쳐 전달된다고 믿는 이들도 많다. 이를 '후성유전학'이라고 하는데, 트라우마가 유전자의 작동 방식을 변화시키고 자녀들이 이런 유전적 변화를 물려받는다는 이론이다.[49]

이런 변화 때문에 젊은이들이 불안과 우울증, 심지어 외상 후 스트레스 증후군을 겪기도 한다.[50] 나아가 더 문제가 되는 점은 테드 클론츠와 브래드 클론츠가 주장한 머니 스크립트처럼 트라우마가 잘못된 대처 행동을 야기해 결국 사람들이 원하는 것과 정반대의 결과가 생긴다는 것이다. 테드의 불안과 일중독 증상은 그에게 아무 도움도 되지 않았다. 테드가 매 순간 생산적인 활동에 매달리지 않아도 그의 가족은 충분히 살아갈 수 있었다.

세대 간 트라우마에 관한 이러한 이론은 단순한 이론에 그치지 않는다. 나도 우리 가족 혈통을 통해 여러 가지 트라우마를 추적

할 수 있다. 난 1900년대 초반 시리아에서 미국으로 이주한 할머니의 손자다. 할머니의 어머니는 1918년에 스페인 독감으로 돌아가셨는데 아버지 혼자 힘으로는 자녀를 모두 돌볼 수 없었다. 그래서 우리 할머니 소피는 고아원으로 보내져 어린 시절과 청소년기 대부분을 그룹 홈에서 살았다. 대공황과 월스트리트 대폭락 사태가 발생한 뒤에도 그룹 홈에서는 소피를 계속 돌봐주었다.

그러니 소피가 결핍된 사고방식을 지닌 어른으로 자라난 것은 너무도 당연한 일이었다. 할머니가 저녁 식사 때 딱히 배가 고프지 않아도 항상 여분의 음식을 더 먹는 걸 누가 비난할 수 있겠는가? 할머니가 돈이나 일에 대해 어떻게 생각했을지 상상해보라. 할머니는 절약하는 걸 자랑스러워했고 자신에게는 거의 돈을 쓰지 않았다. 지금 가진 것들이 모두 사라지고 힘든 시절이 다시 돌아오면 어떻게 한단 말인가?

소피의 딸로 자란 우리 어머니도 사랑하는 자신의 어머니를 본받아 비슷한 성향을 물려받았다. 비극이 닥쳐 남편이 죽고 본인벌이만으로 세 자녀를 키워야 하는 상황이 되자 어머니의 결핍 성향은 더욱 짙어졌다. 어머니는 우리가 아직 어릴 때 우리의 대학 학비를 마련하기 위해 집을 팔 계획이라는 얘기도 했었다. 그리고 필요하다면 물가가 싼 지역에 있는 작은 아파트로 이사할 계획이라고 했다.

돈이 꽤 풍족할 때도 이 결핍의 스크립트는 사라지지 않았다. 어머니는 재혼을 하고 회계사로도 큰 성공을 거두었다. 하지만 은행 계좌가 불어나는 동안에도 돈이 떨어질까 봐 늘 노심초사했다. 내가 기억하는 어린 시절에 있었던 가장 심한 가족 간 말다툼은 누나의 고등학교 졸업을 축하하기 위해 비싼 레스토랑에 갈 것인지를 놓고 벌어진 다툼이었다. 그 정도 비용은 당시 우리집 재정에 아무런 영향도 미치지 않았지만 어머니에게는 감정적인 트라우마를 건드리는 결정이었다. 어머니는 자신이 태어나기 수십 년 전부터 시작된 세대 간 트라우마를 다시 겪고 있었다.

이런 맥락을 이해하고 나자 내가 겪는 돈 문제를 다른 시각으로 바라볼 수 있었다. 정기적인 수입이 없다는 생각이 그토록 심한 스트레스를 줬던 이유, 지금의 생활을 계속 이어갈 만큼 충분한 돈이 있다는 걸 확인해도 계속 의구심이 들었던 이유가 그제야 이해되었다. 나에게는 유전적인 영향, 혹은 적어도 세대적인 영향 때문에 실제로는 뭔가가 결핍되지 않은 상황에서도 결핍감을 느끼는 경향이 있었다.

이것이 내가 극복해야 할 장애물이다. 자기 윗 세대가 겪은 트라우마 때문에 비슷한 어려움에 처한 이들이 많다. 누구도 여기에서 무사히 벗어날 수 없다. 그러나 우리는 인정과 자기 관리, 그리고 치료(이야기 치료와 그 밖의 여러 가지 치료)를 통해 충분히 세대 간 트라우마를 치유할 수 있다. 여기서 한발 더 나아가 우리가 견디고 있는 트라우마뿐만 아니라 지금까지 이룬 업적까지도 모두 후대에 물려줄 수 있다면 어떨까? 좋은 것들도 전부 물려줄 수 있다면 말이다.

나는 그렇게 할 수 있다고 믿는다.

우리는 모두 누군가의 롤모델이다

구글에서 '세대 간 성장'이라는 용어를 검색하면 자본을 투자해서 자녀와 손주에게 돈을 물려주는 방법을 알려주는 웹사이트가 많이 나온다. 하지만 돈 말고도 물려줄 수 있는 건 많다. 미래 세대는 우리가 전해주는 '긍정적인 경험'을 통해서도 이익을 얻을 수 있다.

난 어릴 때 경험한 이런 세대 간 성장 사례 몇 가지를 이미 기록해두었다. 하지만 그 외에도 무수히 많은 사례가 있다. 사실 로만과 내가 유대감을 형성했던 야구 카드에도 이런 사례가 존재한다. 칼 립켄 시니어Cal Ripken Sr.와 칼 립켄 주니어Cal Ripken Jr., 바비 본즈Bobby Bonds와 배리 본즈Barry Bonds, 켄 그리피 시니어Ken Griffey Sr.와 켄 그리피 주니어Ken Griffey Jr. 등이 대표적이다. 프로야구 선수로 큰 성공을 거둔 이들 부자父子는 모두 신체적 재능뿐 아니라 공동체 의식과 유대감도 유전될 수 있음을 보여준다.

당신도 마찬가지일 거라고 생각한다. 자신의 긍정적인 특성이나 관심사의 기원을 찾으려고 부모님이나 조부모님까지 거슬러 올라가본 적이 있는가? 윗 세대 중 누군가의 기술이나 태도, 지능을 물려받았다는 말을 들어본 적이 있는가?

난 확실히 있다. 나는 예전부터 늘 수학을 좋아했다. 학습 장애를 앓는 바람에 거의 모든 학습 분야에서 어려움을 겪었지만 수학 능력만큼은 그대로였다. 마음속 깊은 곳에서는 내 읽기 문제가 머리가 나빠서 생긴 게 아님을 알고 있었다. 만약 그랬다면 수학도 잘하지 못했을 게 분명했기 때문이다. 이 믿음은 큰 도움이 되었다. 그 기간 동안 나는 거의 모든 과목에서 반 친구들보다 뒤처졌지만 덧셈과 곱셈만큼은 더 빠르고 잘했다. 그것만으로도 충분했다.

그리고 이는 전혀 놀랄 일이 아니다. 나의 어머니도 수학을 좋아하기 때문이다. 어머니는 화학자로서 사회에 첫발을 내디뎠지만 결국 학교로 돌아가서 다시 공부한 뒤 공인회계사가 되었다. 회계 소프트웨어인 퀵북스QuickBooks와 엑셀의 달인이고 세금 신고 전문가였다. 어머니는 숫자에 정말 능통했고 숫자는 어머니에게 가장 큰 기쁨을 주는 활동의 핵심이었다. 몇 년이 지난 지금은 은퇴 후 평생 교육 과정에 정기적으로 참여하면서 업계 최고의 실력을 유지하고 있다. 어머니에게 수학은 더 이상 직업적으로 필요하지 않지만 시간을 보내는 데는 좋은 수단이다. 등반과 비슷한 것 같지 않은가?

이야기는 여기서 끝나지 않는다. 내 주변에 어머니 말고 회계사로 일한 사람이 또 있다. 바로 외할아버지다. 어머니는 어릴 때 아버지(나에게는 외할아버지)가 고객들의 재무 보고서와 세무 신고서를 꼼꼼히 살펴보는 동안 그의 무릎 위에 앉아 아버지가 일하는 모습을 구경하곤 했다. 외할아버지는 어머니에게 열을 하나하나 가리키면서 거기 적힌 숫자가 무엇을 의미하는지, 그리고 숫자들이 서로 어떻게 상호작용하면서 필요한 정보를 제공해주는지 설명해주었다고 한다.

이것이 세대 간 성장이다. 트라우마가 후손에게 전달되듯이 즐겁고 매력적인 신념이나 사랑, 기술도 마찬가지로 전달된다. 난 외할아버지를 만나본 적이 없다. 내가 태어나기 전에 폐암으로 돌아가셨다. 하지만 수학에 대한 외할아버지의 사랑이 내 삶에 깊은 영향을 미쳤다고 확신한다. 외할아버지 덕분에 학습 장애를 극복할 수 있었을 뿐만 아니라 수학적인 능력이 많이 필요한 직업을 추구할 수 있다는 자신감을 얻었다.

수학에 대한 관심과 능력은 의과 과정에서 배워야 하는 고도로 전문적인 과목들을 이수하는 데 도움이 되었다. 호스피스 의사로 일하면서도 매일 한 가지 유형의 약물을 다른 약물로 전환해야 하는데, 그때 복잡한 수학 방정식을 즉석에서 풀어야 하는 경우가 많다. 또 의료계에서 은퇴할 수 있었던 건 내가 재정 자립 운동에 참여했기 때문에 가능한 일이었다. 예를 들어 4퍼센트의 인출률(은퇴 첫해에 자산의 4퍼센트를 인출하고 매년 물가상승률만큼 조정해 30년간 자금이 고갈되지 않도록 하는 은퇴 인출 전략—옮긴이)을 계산하는 방법을 이해하려면 복잡한 수학을 꽤 잘해야 한다.

이런 사고방식이 어떻게 급격히 발전하는지 알겠는가? 의사로서 내가 얼마나 수많은 사람의 삶에 영향을 미쳤는지 생각해보자. 예전에 어떤 환자의 두 가지 검사 결과 사이에 수학적인 연관성을 발견한 적이 있다. 많은 사람이 놓쳤던 그 연관성을 나는 수학에 대한 애정 덕분에 발견할 수 있었고 결국 희귀한 진단을 내릴 수 있었다. 그리고 간단한 약물로 환자를 치료해서 여러 차례의 입원이나 최악의 경우 사망에 이를 수도 있는 고통을 덜어주었다.

알고 보니 그 환자는 지역 교회의 목사였다. 그 사람이 없었다면 얼마나 많은 이가 실의에 빠졌을까? 그는 여유 자금의 30퍼센트를 적십자나 지역 푸드 뱅크 같은 단체에 기부하곤 했다. 또 도움이 필요한 교구민들에게 정서적, 물질적 위로를 전했다. 그는 요즘에도 여전히 그렇게 하고 있다.

수학에 대한 우리 외할아버지의 사랑과 동네 교회에서 쉼터를 찾는 가출 아동의 행복 사이에는 직접적인 선이 그어져 있다. 그 선은 거의 한 세기의 시간과 수천 킬로미터의 거리를 가로지른다. 이 얼마나 놀라운 일인가. 외할아버지가 본인의 유산이 이렇게 오랫동안 광범위한 영향을 미칠 줄 알았다면 어떤 생각을 했을지 상상이 가는가.

큰 목적을 강조하는 사람들은 바로 그런 크고 대담한 목표만이 한 사람 이상의 삶을 바꿀 수 있다고 말한다. 암을 치료하거나 기후 위기를 해결하면 수백만 명에게 도움이 될 것이다. 억만장자가 되면 내 후손들은 앞으로 수 세기 동안 부유하게 살아갈 것이다. 성공할 확률이 매우 낮지만 이건 전부 사실이다.

하지만 외할아버지의 수학에 대한 사랑은 크고 대담한 목표 없이도 엄청난 영향력을 발휘할 수 있다는 걸 보여준다. 나의 외할아버지는 슈퍼히어로가 아니었다. 20세기 가장 영향력 있는 미국인 명단 어디에서도 할아버지의 이름을 찾을 수는 없을 것이다. 그의 이름을 아는 사람은 시간이 갈수록 줄어들고 있다. 하지만 그는 여전히 살아 있다.

우리도 그렇게 계속 살아갈 수 있다.

가장 나다운 모습이 가장 오래가는 유산을 만들어낸다

위의 사례에서 봤듯이 유산을 만드는 가장 좋은 방법은 자신만의 등반을 시작해 목적에 더 많이 투자하는 것이다. 당연한 얘기지만, 나의 외할아버지는 자신의 외손자가 훗날 의사가 되리라고 생각해서 수학에 매료된 것이 아니었다. 당시 외할아버지에게는 손자가 없었다. 할아버지는 그저 본인이 열정을 품은 일을 한 것뿐이었다.

그렇다면 어머니는 할아버지가 보여준 여러 모습 중에서 왜 하필 수학에 빠져들었던 걸까?

할아버지는 스프레드시트를 들여다보거나 복잡한 문제를 풀 때 가장 생기 넘치고 의욕적이었다. 즉 가장 자기다운 모습을 보였다. 어머니는 어릴 때 의식적으로든 무의식적으로든 이를 알아차렸을 것이다. 그리고 아버지의 정체성이 자신에게도 맞는지 시험해봤을 것이다. '나도 아버지처럼 숫자를 통해 기쁨을 느낄 수 있을까?' 이렇게 시험하고 탐색하는 과정이 아이들의 개성 형성, 즉 자기만의 고유한 정체성을 형성하는 첫걸음이 되는 경우가 많다. 이처럼 아이들은 부모의 행동을 끊임없이 모방하고 평가하면서 그중 어떤 것이 자신과 연결되는지 파악하고자 노력한다.

난 이런 모방과 평가가 부모에게만 국한된다고 생각하지 않는다. 어린아이들은 자기 주변에 있는 어른과 아이의 행동을 끊임 없이 평가한다. 우리는 집 밖에서도 롤모델과 멘토를 찾는다. 나 도 로만을 통해 그런 경험을 했다. 그는 부모는 아니었지만 내가 신뢰하는 어른이었다. 나는 여러 가지 면에서 로만처럼 되고 싶 었다. 그래서 그의 행동을 따라 했다. 어릴 때 내가 처음으로 했 던 아르바이트가 야구 카드를 사고파는 것이었던 건 당연한 일일 지도 모르겠다. 난 동전 매매 사업을 했던 새아버지와 로만을 본 보기로 삼았다.

몇 년 후, 그렇게 정체성을 시험해보는 과정이 의사가 되는 일 만큼이나 매력적이지 않다는 걸 깨달았다. 야구 카드를 팔던 시 기는 금방 끝났다. 하지만 사고파는 습관은 내 삶의 여러 시점에 서 다시 나타났다. 몇 년 동안은 인터넷에서 예술 작품을 사고팔 기도 했다. 하지만 이런 일시적인 등반에서 얻는 만족감은 오래 가지 않았다. 그래서 결국 그만두고 다른 곳에 관심을 두곤 했다.

난 또래 아이들을 모방하고 싶었다. 로만 밑에서 일했던 까칠 한 10대 소년 라이언을 기억하는가? 바로 그 라이언처럼 되고 싶 었다. 그래서 라이언이 대학에 진학했을 때 골동품 가게에서 라 이언의 자리를 물려받을 수 있길 바랐다. 하지만 로만은 내가 아 닌 다른 아이를 채용했는데, 오랜 세월이 흐른 지금에서야 그게 그 아이의 어려운 집안 사정을 고려한 로만의 현명한 선택이었음을 깨달았다.

오늘날에도 마찬가지다. 내가 오랜 동경 끝에 마침내 작가가 된 이유 중 하나는 본보기로 삼을 만한 성공한 작가들이 여럿 포함된 공동체를 내 주변에 구축했기 때문이다. 그들 가운데 몇 명은 내게 귀중한 조언을 해주기도 했다.

우리가 작은 목적이 배어 있지 않은 진정성 없는 행동을 한다면 자녀나 친구들이 이를 본받으려고 할까? 어쩌면 그럴지도 모르지만 그리 오래 지속되지는 않을 것이다. 어떤 사람이 정말 즐거운 활동에 참여하고 있으면 우리는 이를 금세 알아차린다. 그 사람의 자세, 태도, 주변 공기의 차이를 감지할 수 있다. 열정을 가장하기란 어렵고 특히 아이들을 속이기란 더더욱 어렵다.

고등학생들에게 물어보라. 학생들은 어떤 교사가 자기 과목에 가장 열정적인지 금방 알아차린다. 그들은 대개 학생들이 가장 좋아하는 과목을 가르치기 때문이다. 나는 수학을 좋아하는 이과 전공자지만 어릴 때 가장 좋아했던 과목은 미국사와 스페인어였다. 그 이유는 오직 선생님들 때문이었다. 로건 선생님과 매키니 선생님은 다른 선생님들은 하지 않는 방식으로 아이들의 관심을 사로잡았다. 그들이 보여준 자신의 전공 과목과 가르치는 일에 대한 열정은 타의 추종을 불허했다. 오랜 세월이 흐른 지금, 나는 역사 애호가도 아니고 스페인어를 유창하게 구사하지도 못하지만 나 스스로를 교사라고 생각한다.

우리 아버지의 본보기와 모순된다며 뭐라고 할 사람도 있을 것 같다. 난 아버지처럼 되고 싶어서 의사의 길을 택했지만 의사라는 직업은 장기적으로 내게 이롭지 않았다. 여기서 두 가지 생각이 떠오른다. 첫째, 내가 의사가 된 것은 아버지가 의사로 살아가는 모습을 지켜본 경험과 아버지를 잃은 충격적인 사건의 결과물이다. 아버지는 의사로서의 삶을 좋아했지만 난 아버지가 일하는 모습을 계속 따라다니면서 지켜볼 만큼 나이가 많지 않았다. 그러니 나는 아버지의 행동을 본보기로 삼았다기보다 아버지를 잃은 상실감을 극복하려고 노력했던 것뿐이다. 의사가 되면 상실감을 극복할 수 있을 거라고 착각했다.

둘째, 나는 아버지가 목적의식을 가진 다른 활동에 참여하는 모습을 자주 보았다. 아버지는 사진 촬영의 달인이자 언어 애호가였으며 손재주도 뛰어났다. 주말마다 지하실에서 도구들에 둘러싸여 뭔가를 만들곤 했는데 아버지의 이런 면이 내게 깊이 각인되었다. 아버지는 항상 이런저런 등반에 몰두했는데 대부분 지적인 능력과 창의적인 능력을 함께 활용하는 일이었다. 아버지가 지금까지 살아 계셨다면 팟캐스트를 정말 좋아하셨을 것이다. 어쩌면 청취자 확보를 두고 아버지와 경쟁해야 했을지도 모른다.

유산에 목적을 부여하라

영화 〈파이트 클럽〉의 대사를 살짝 비틀어서 말하자면, **유산을 구축하려 할 때 지켜야 할 첫 번째 규칙은 '유산에 대해 이야기하지 않는 것'**이다. 유산은 목적 있는 삶을 살면서 자신이 추구하는 등반에 진정성 있게 참여했을 때 생기는 부산물이다. 마찬가지로 관계와 공동체에 대해 이야기할 때도 목적을 정한 다음 나머지는 자연스럽게 흘러가도록 해야 한다.

하지만 당신의 목적이 가족과 다른 이들에게 영향을 미치도록 하려면 반드시 고려해야 할 사항이 몇 가지 있다.

진정성 있게 사는 모습을 보여준다

아이를 키우는 부모들은 자녀를 일상생활의 기본적인 일들에 참여시키곤 한다. 부모는 자녀에게 통장 잔고를 관리하는 방법이나 차고 청소법, 심지어 주식투자에 대해서도 가르쳐줄 수 있다. 다들 이런 본보기를 보여주는 일의 중요성을 잘 알기에 살면서 꼭 필요한 기술과 활동들을 신중하게 알려주곤 한다. 그런데 유독 목적의식과 취미만큼은 숨기는 경우가 많다.

어른들은 이런 활동을 주로 혼자 있는 시간에 한다. 집 밖에서 하거나 아니면 아이들이 잠들거나 학교에 갈 때까지 기다린다.

하지만 자녀에게 건전한 목적의식을 심어주려면 마리가 실리아를 무료 급식소에 데려가서 함께 일한 것처럼 우리도 아이들과 함께해야 한다. 우리가 진정성 있는 모습으로 중요한 일에 열심히 참여하는 모습을 아이들에게 보여줘야 한다.

공동체를 만든다

친구와 가족, 심지어 완전히 낯선 사람에게도 우리가 열정을 품은 일에 몰두하는 모습을 보여줘야 한다. 그러려면 이런 활동을 하며 주변에 공동체를 구축하는 게 좋다. 수제 맥주를 좋아하는가? 그렇다면 매달 지역 양조장을 둘러보고 최신 작품을 시음하는 수제 맥주 애호가들을 위한 사교 클럽을 만들어보자. 마라톤 완주를 꿈꾸고 있고 운동이 목적의식의 주된 구심점인가? 그렇다면 자신과 같은 꿈을 이루고 싶어 하는 이들을 위해 블로그나 팟캐스트, 유튜브를 시작해보자.

이런 공동체를 어디서 어떻게 시작하느냐는 중요하지 않다. 온라인에서 시작할 수도 있고 직접 모여서 활동할 수도 있다. 핵심은 자신과 관심사가 비슷한 사람들과 함께하는 것이다. 그러면 자기보다 실력이 부족한 이들에게는 멘토가 되고, 실력이 뛰어난 사람들에게서는 한 수 배울 수 있다.

자원봉사를 한다

열정을 품은 분야에서 자원봉사를 하는 것보다 유산을 남기기에 더 좋은 방법은 없다. 제3장에서 소개한 마구간에서 더 많은 시간을 보내려고 했던 사라를 기억하는가? 어느 날 오후, 사라는 승마를 배우려고 지역 단체에서 데려온 다운증후군 어린이들을 위해 자원봉사를 했다. 어린이들과 정말 즐거운 시간을 보낸 사라는 이 특별한 공동체를 도울 다른 방법을 찾아보았다. 그녀는 자원해서 여러 가지 방법으로 공동체에 도움을 주었고 심지어 휴식이 필요한 바쁜 부모들을 위해 아이들을 돌봐주기도 했다. 사라의 끈기, 생기 있는 미소, 인내심은 신의 선물과도 같았다. 몇 년 뒤, 사라는 아이들의 졸업 파티나 결혼식에 와달라는 초대장도 받았다. 그때는 이미 사라의 작은 목적이 그녀를 다른 길로 이끈 뒤였지만, 그들은 모두 사라가 얼마나 큰 도움을 줬는지 기억했다.

자신의 능력과 재능을 나누어준다

제7장에 나온 앤디는 자전거 수리에 재능이 있었다. 그는 자전거 수리를 사업으로 발전시키지는 않았지만 자전거 대회가 있는 날이면 선수들에게 무료로 서비스를 해주곤 했다. 이를 통해 좋아하는 스포츠를 관람할 기회를 얻었을 뿐만 아니라 그 과정에서

친구도 많이 사귀었다. 젊은 선수들은 앤디가 기어를 조정하고 타이어 균형을 맞추는 모습을 유심히 지켜보았다. 그리고 그들 중 몇몇은 앤디의 도움을 받아 직접 수리하는 방법을 배우기도 했다.

앤디는 본인의 지식을 혼자만 간직하려 하지 않았다. 나이 어린 선수들은 앤디에게 배운 지식을 이용해서 돈을 절약했고, 덕분에 자전거 수명이 다한 뒤에도 자전거를 잘 관리할 수 있었다. 그중 한 명은 이런 지식을 활용해 비용이 너무 많이 든다고 생각하는 부모님을 설득해서 계속 사이클을 해도 좋다는 허락을 받았다. 그 아이는 현재 유명 자전거 회사의 수석 디자이너로 일하고 있으며 한때 투르 드 프랑스Tour de France(매년 프랑스에서 개최되는 세계 최고 권위의 도로 일주 사이클 대회—옮긴이)의 예비 선수였다. 앤디가 없었다면 이런 일은 결코 일어나지 않았을 것이다.

다음 장에서는 후회 문제를 다룰 것이다. 나는 수많은 환자들의 임종을 함께하면서 세대 간 성장과 트라우마를 보여주는 여러 사례들을 봐왔다. 이를 잘 관리할수록 생의 마지막 순간에 마주하게 될 후회가 줄어들 것이다. 후회는 평생 우리를 따라다니며 삶의 마지막에 가까워질수록 더 심해진다.

후회를 해결하기에 가장 좋은 시기는 미래의 어느 때가 아니라 바로 지금이다. 은퇴한 뒤나 돈이 충분히 모였을 때도 아니고 임종 직전은 더더욱 아니다. 제10장에서는 목적과 후회의 관계를 집중적으로 다룰 것이다. 짐작하겠지만 이는 어떤 유형의 목적을 추구하느냐에 따라 달라진다.

- 다음 주에 한 시간씩 두 번, 따로 일정을 비워두자. 가능하면 전자 기기를 전부 끄거나 휴대전화를 무음으로 설정해두고 방해받지 않을 조용한 장소를 찾아보자.

- 이 연습에 필요한 건 명확하게 열린 마음뿐이다. 하지만 공책을 가까이에 놔두는 게 좋다. 떠오르는 문제 중 몇 가지는 나중을 대비해서 적어두도록 하자.

- 눈을 감고 당신이 재능이 있다고 생각하는 활동 혹은 좋아하는 활동 세 가지를 생각해보자. 실제 기술보다는 이런 활동이나 능력이 본인에게 얼마나 큰 의미가 있는지가 중요하다. 여러 가지가 떠오르겠지만 세 가지 구체적인 사례로 목록을 정리해보자. 그중 가장 생동감을 느끼게 해주는 활동은 무엇인가?

- 각 재능과 관련해 부모님이나 조부모님, 이모, 삼촌 등을 떠올려보자. 그들 중 같은 기술을 가진 사람이 있는가? 이 활동을 처음 접했을 때를 기억해보자. 당신보다 먼저 누군가가 이 등반에 참여하는 걸 본 적이 있는가? 이 재능은 누군가에게 물려받은 것인가? 그렇다면 그 사람은 더 윗 세대의 누군가에게 물려받은 건가? 이 능력은 어디까지 거슬러 올라

가는가? 집안 내력인가?

- 자, 이제 똑같은 작업을 하되, 이번에는 부정적인 자기 인식 세 가지에 대해 생각해보자. 자신과 관련해 갖고 있는 가장 부정적인 믿음은 무엇인가? 원하는 삶을 살지 못하거나 이루고 싶은 일을 성취하지 못하는 자신에 대해 속으로 어떤 이야기를 하고 있는가? 돈 관리가 서툴거나 의욕이 부족하거나 다른 이들보다 운동 능력이 부족한가?
- 여기서 더 나아가기 전에 심호흡을 몇 번 하면서 마음을 가다듬어라. 부정적인 자기 대화를 하고 나면 불안하고 괴로울 수 있다. 나쁜 감정이 밀려와도 호흡에 집중하면서 그냥 가라앉게 놔두자.
- 주변 사람들에게서도 이런 부정적인 감정을 확인할 수 있는가? 당신 어머니나 아버지도 같은 감정을 느꼈을까? 그들이 한 말이나 행동 때문에 당신의 안전이나 자존감에 의문을 품은 적이 있는가?
- 이제 당신은 세대 간 성장 스크립트 세 개와 세대 간 트라우마 스크립트 세 개를 작성했다. 어떤 기분이 드는가? 감사한 기분이 드는가 아니면 짜증이 나는가? 어쩌면 둘 다 조금씩 느껴질지도 모르겠다.

우리 선조들이 겪었던 고통과 상처를 지금에 와서 없던 일로 만들 수는 없다. 하지만 그들이 살아 있을 때 겪은 고난이, 그들이 세상을 떠난 뒤 오랜 시간이 지나서도 여전히 우리의 생각, 감정, 행동 방식에 어떤 흔적을 남기고 있는지는 알아차릴 수 있다. 이러한 인식은 트라우마의 악순환을 끊는 데 도움이 된다.

혹은 반대로 살면서 목적을 추구하고 받아들인 선조에게 감사

할 수도 있다. 그들의 목적이 우리 정체성에 지대한 영향을 미치는 긍정적인 유산을 만들어냈다. 당신은 미래 세대에게 어떤 유산을 남기고 싶은지 잠시 생각해보자. 그런 유산을 남길 수 있도록 오늘도 당신만의 목적을 추구하면서 살고 있는가?

제10장

지금이 아니면 언제 할 수 있겠는가

나는 임종을 앞둔 호스피스 환자들에게서 잃어버린 사랑, 실수, 놓쳐버린 기회 등에 관한 가슴 아픈 후회의 이야기를 많이 들었다. 내용이 어떻든 그 맛은 항상 씁쓸하다. 누구도 자기 삶을 되돌아보면서 그때 좀 더 용기와 통찰력을 가지고 다르게 행동했더라면 좋았을 텐데 하고 후회하고 싶지는 않을 것이다. 하지만 우리 대부분은 그런 경험이 있다. 그래서 목적과 마찬가지로 후회도 입에 올리기 싫은 단어가 되고는 한다.

대부분의 호스피스 환자들에게는 안타깝게도 때가 너무 늦었다. 건강이 좋지 않고 시간도 부족하기 때문에 이들이 이런 후회를 극복할 가능성은 매우 낮다. 차라리 심리적으로 대처하도록 돕는 편이 낫다. 운 좋게 해결이 가능하다면 마지막 순간에 비로소 후회에서 벗어나게 된 걸 축하할 것이다. 하지만 이렇게 가망 없어 보이는 상황이 갑자기 해결되는 일은 흔치 않다. 대부분의 사람은 과거로 돌아가 상황을 바로잡지 못하는 것을 슬퍼하며 죽음을 맞는다.

하지만 임종을 앞두지 않은 이들은 후회를 견딜 수 있을 뿐만 아니라 후회가 보다 충만한 삶을 살 수 있도록 하는 좋은 동기가 되기도 한다. 즉 **후회가 때론 선물이 될 수도 있다.**

그 이유를 이해하려면 먼저 후회, 목적, 행복 사이의 관계를 심층적으로 살펴봐야 한다. 믿기 어려울지 몰라도 이들은 서로 밀접한 관련이 있다. 마지막 순간에 후회 없이 세상을 떠나는 사람은 거의 없다. 우리에게 더 중요한 것은 불편한 기분을 무조건 피하기보다 그걸 발판 삼아 더 훌륭하고 행복한 삶을 이루는 것이다.

그러려면 어떻게 해야 할까? 후회가 어떻게 행복감을 앗아가지 않고 더해줄 수 있을까? 이 까다로운 관계를 자세히 설명하기 위해 두 여성의 이야기를 들려주려고 한다. 베아트리즈와 크리스틴은 나이, 성격, 거주지, 삶의 단계 등 다른 점이 많지만 한 가지 중요한 공통점이 있다. 극심한 후회가 행복으로 가는 길을 가로막는 첫 번째 고비였다는 것이다.

그리고 그 길은 목적으로 포장되어 있었다.

죽음 앞에서 꿈을 찾은 사람

"내가 죽어가고 있다는 사실을 안 순간부터 액세서리를 만들기 시작했어요."

처음에는 내가 잘못 들었나 싶었다. 베아트리즈의 잠옷 위에 놓여 있는 아름다운 브로치와 목걸이는 그녀의 침실에 진열되어 있는 수많은 액세서리 중 일부에 불과했다. 그날은 그 집에 처음 방문해서 호스피스 검진을 했던 날이라서 나는 베아트리즈의 삶에 대해 아는 게 거의 없었다. 그래서 무슨 말인지 더 자세히 물어보자 그녀는 당혹스러워하는 내 표정을 보고 웃음을 터뜨렸다. "내가 죽어가고 있다는 사실을 '처음' 알게 된 순간부터 액세서리를 만들기 시작했다고요."

정확히 60년 전, 베아트리즈는 아랫배의 통증과 배에 불룩 튀어나온 덩어리 때문에 병원에 갔다. 일주일간 병원에 입원해 수많은 검사를 받은 끝에 그녀는 암울한 소식을 접했다. 겨우 서른 살의 나이에 절제할 수도 없고 치료도 불가능한 부인암에 걸린 것 같다는 이야기를 들은 것이다. 베아트리즈는 몇 달 뒤에 다시 진료를 받기 위한 예약을 잡고 쾌유를 비는 인사를 들으면서 집으로 돌아갔지만, 아무도 그녀가 살아서 진료를 받을 수 있을 거라고 생각하지 않았다.

끔찍한 소식을 듣고 충격과 슬픔에 휩싸인 베아트리즈와 남편은 인생의 남은 시간을 최대한 활용하기로 결심했다. 그들은 여름 별장에 가서 미래가 가져다줄 운명을 기다리기로 했다. 하지만 베아트리즈는 단 일주일 만에 환멸을 느꼈다. 가만히 앉아 죽음을 기다리는 건 그녀답지 않은 일이었다. 게다가 이대로라면 자기가 정말 큰 후회를 안고 죽게 되리라는 생각이 들었다.

베아트리즈는 액세서리를 좋아했다. 어찌나 좋아하는지 언젠가는 꼭 액세서리 디자이너가 될 거라는 꿈도 갖고 있었다. 이건 밤늦은 시간 잠자리에서도 늘 떠올리는 꿈이었다. 화려하게 치장했던 할머니의 모습과 할머니의 목걸이와 팔찌를 빌려 방에서 분장 놀이를 하던 일도 늘 회상했다. 하지만 이 꿈은 결코 현실이 되지 못했다.

베아트리즈는 학원에 다니면서 디자인을 배우려는 계획을 세웠지만 결혼 초기에는 시간이 부족했다. 집안 살림에 남편 뒤치다꺼리에 해야 할 일이 너무 많았고, 시간도 돈도 없었다. 매일 식사를 준비하고 사교 모임에도 참석해야 했다. 그렇게 시간은 흘렀고 아무것도 변하지 않았다.

하지만 곧 죽을 거라는 선고가 베아트리즈의 마음에 다시 불을 지폈다. **지금이 아니면 언제 할 수 있단 말인가.** 그녀는 얼마 남지 않은 시간을 허비하지 않기로 했다. 서둘러 동네 공예품점에 가서 손에 잡히는 구슬, 걸쇠, 체인을 모조리 사고 도서관에 가서 책도 수십 권 빌렸다. 자기에게 남은 시간이 얼마나 되는지조차 몰랐던 베아트리즈는 걱정할 것도 없고 잃을 것도 없는 사람처럼 마구잡이로 액세서리 만들기라는 토끼굴로 뛰어들었다. 그녀는 정말 잃을 것이 없었다.

그렇게 한 달 만에 목걸이를 몇십 개나 만들었다. 석 달도 안 되어 만들어둔 재고가 다 팔렸고 1년 뒤에는 근처 백화점과 독점 계약을 맺었다.

그러는 사이에 더 놀라운 일이 일어났다. 베아트리즈는 죽지 않았다. 진단이 틀렸던 게 분명하다. 베아트리즈는 그동안 너무 바빠서 병원에 다시 가지 않았는데, 나중에 갔을 때는 종양의 흔적조차 보이지 않았다. 그녀가 목적의식을 찾은 덕분에 기적이 벌어졌다고 말하려는 게 아니다. 적어도 의학적인 기적은 아니다. 오늘날의 의학 지식으로 생각해보면 베아트리즈는 아마 오진을 받았을 가능성이 높다. 60년 전에는 검사의 질과 정확도가 형편없었다.

60년 뒤, 베아트리즈는 세계에서 가장 인기 있는 액세서리 제작자 중 한 명이 되었다. 그건 단순히 오진 덕이 아니라 그보다 더 중요한 후회 덕분이었다.

후회의 늪에서 빠져나와 길을 만든 사람

내 진찰대 앞에 앉아 있던 잘 차려입은 젊은 여성이 내뱉은 우울한 말을 이해하기까지 잠시 시간이 걸렸다. 크리스틴은 내게 본인의 삶을 바꾼 사건들을 차분하게 이야기해주었다. 경솔했던 스무 살 학생이 차를 몰고 등교했다가 완전히 다른 사람이 되어 집에 돌아온 그날의 일을 말이다.

물론 크리스틴은 누군가에게 해를 끼칠 의도가 없었다. 그녀는 절대 남을 해치는 사람이 아니다. 적어도 고의로는. 음주운전을 하지 말라는 경고는 부모님에게 종종 들었지만 휴대전화의 위험성에 대해서는 아무도 이야기해준 적이 없었다. 크리스틴은 문자메시지 정도는 눈 감고도 보낼 수 있다고 생각했다.

누군가의 몸이 자기 차에 부딪힐 때의 느낌, 상황을 살피려고 차에서 뛰어내렸을 때 신발을 적시던 피, 법정에서 본 불쌍한 아이 부모님의 표정. 이런 것들은 평생 기억에 남는다.

나는 크리스틴의 이야기에 완전히 빨려들어갔다. 깊은 동정심뿐만 아니라 묘한 공감까지 느꼈다(의사로서 종종 환자들의 죽음에 책임감을 느끼곤 한다). 사고 후 크리스틴은 엄청난 후회에 사로잡혔다. 그녀는 자기 삶을 되돌아보았지만 스스로를 용서하거나 자기 연민에 빠지지는 않았다. 하지만 거의 모든 것을 바꾸고 완전히 새로운 목적의식을 갖게 되었다. 몇 년 뒤, 크리스틴은 이 문제에 관한 열성적 대변인이 되어 전국 각지를 돌아다니면서 운전 중 문자메시지를 보내는 것의 위험성에 대해 강연했다. 한 생명을 잃은 슬픔이 수많은 사람들을 구할 용기를 불러일으켰다.

크리스틴은 자신이 저지른 일에 대해 깊고 깊은 후회를 했다. 하지만 후회의 늪에 빠져 허우적대지 않고 자신이 가야 할 속죄의 길을 찾아 나섰다. 앞으로 그녀는 무슨 일이 일어나든 그 마음을 간직할 것이다.

저지른 실수는 받아들이고 하지 않을 핑계는 버려라

후회는 과거의 행동, 결정, 선택에 대한 슬픔이나 회한이다. 베아트리즈와 크리스틴의 이야기는 모두 후회에 초점을 맞추고 있지만 그 두 이야기에는 조금 다른 면이 있다. 그들의 차이는 사람들이 겪을 수 있는 후회의 주요 유형을 보여준다. 후회는 일반적으로 두 가지 종류가 있는데 어느 쪽도 뒷맛이 좋지 않다. 그리고 우리 대부분은 두 가지를 모두 맛본다.

첫 번째는 '비행동 후회'다. 이건 임종을 앞둔 환자들과 자주 얘기하는 주제로, 어떤 행동을 하지 않은 데 대한 후회다. 그들은 자신에게 매우 중요한 일을 할 에너지나 용기, 시간이 없었다. 중요한 일을 하지 않을 온갖 이유를 떠올릴 때 분석 마비가 종종 이런 상황을 유발한다. 이게 바로 베아트리즈에게 일어난 일이었다. 그녀는 곧 죽을 거라는 생각을 하고 나서야(결국 잘못된 생각이기는 했지만) 비로소 행동에 나설 수 있었다.

두 번째 유형의 후회는 '행동 후회'다. 이건 돌이킬 수 없는 비참한 결과를 초래한 행동과 관련이 있는데 행동할 당시에는 이런 결과를 예측할 수가 없다. 크리스틴은 그날 차에 올라탔을 때만 해도 운전 중에 문자를 보내는 행위가 누군가의 목숨을 앗아가는 일이 될 거라는 사실을 전혀 알지 못했다. 특히 자기 일이 되리라고는 꿈에도 생각지 못했다. 기적처럼 시간을 되돌려 그런 행동을 하지 않을 수만 있다면 그녀는 무슨 일이든 다 했을 것이다. 하지만 너무 늦었다. 사건은 이미 벌어졌고 이제 와서 바꿀 수는 없다.

비행동 후회와 행동 후회, 목적과 행복의 관계는 상황에 따라 조금씩 다르다. 비행동 후회는 현재와 미래에 초점을 맞추므로 과거를 돌아보면서 그런 활동에 의미를 부여할 필요는 없다. 반면 행동 후회는 현재뿐 아니라 과거에도 초점을 맞춘다. 따라서 목적의식을 추구하려면 앞서 벌어진 일을 먼저 받아들여야 한다.

비행동 후회: 언제까지 '하지 않을' 핑계를 댈 것인가

비행동 후회는 죽음을 앞둔 이들에게서 가장 자주 볼 수 있는 후회로, 그 예는 셀 수 없이 많다. 시도하지 않은 취미, 쓰지 않은 책, 회복되지 않은 관계 등 본인이 하지 않기로 결정한 중요한 일을 슬퍼하는 경우가 많다.

이런 후회는 보편적이다. 이루고 싶었던 걸 이루지 못한 데 대한 변명은 무수히 많다. 그런데 나는 여기서 돈과 시간 탓을 하는 건 솔직하지 못한 행동이라고 생각한다. 진짜 이유는 실패에 대한 두려움 그리고 매우 중요한 활동에 필요한 감정적인 노력을 기울이고 싶지 않았기 때문이다. 우리는 그런 힘든 노력을 피하려고 자기 앞에 끝없이 많은 장애물을 쌓아놓는다.

베아트리즈가 완벽한 예시다. 암 진단을 받기 전에도 그녀가 액세서리를 만들고 싶다는 꿈을 좇지 못하게 진정으로 막을 수 있는 장애물은 아무것도 없었다. 당시에는 그 사실을 스스로 인정했는지 어쨌는지 모르겠지만, 60년 뒤 임종 직전에 나눈 대화에서 그녀는 솔직하게 말했다. "실패할까 봐 너무 두려웠어요."

이런 두려움 때문에 그들은 더 좋은 시기가 올 때까지 미룰 핑계를 댄다. 무언가를 내일로 미루려고 온갖 이유를 만들어낸다. 몇 주가 몇 달이 되고 몇 달은 몇 년이 된다. 그러다 운이 나쁘면 시도도 한번 못 해보고 호스피스에 입원하는 결말을 맞는다. 아예 경기장에 들어가지도 못하는 것이다.

죽어가는 사람은 기회가 있을 때 아무것도 하지 않은 걸 후회하지만 살아 있는 사람은 그럴 필요가 없다. 베아트리즈가 우연히 알게 됐듯이, 이 같은 '후회에 대한 평가'는 등반을 위한 훌륭한 기초 체력이 될 수 있다. 비행동 후회를 완전히 없애는 유일한 방법은 그 후회를 중심으로 성공적인 등반을 구축하는 것뿐이다. 누구나 할 수 있을 정도로 매우 간단한 일이지만 문제는 타이밍이다. 즉 자기가 무엇을 후회하는지 죽음이 가까이 다가오기 전에 깨달아야 한다. 베아트리즈가 오진을 받지 않았더라도 이런 결론에 도달할 수 있었을까? 아니면 계속해서 이 중요한 꿈을 미뤘을까?

베아트리즈 같은 실수를 하지 않기 위해 **메멘토 모리**memento mori 연습을 해보길 권한다. 라틴어로 '죽음을 기억하라'는 뜻의 이 문구는 일상생활을 할 때도 늘 이 사실을 잊지 말라고 충고한다. 언젠가 마주할지도 모르는 후회를 인식하는 데 이보다 더 좋은 방법은 없다. 메멘토 모리는 후회라는 개념을 부정적인 것에서 긍정적인 것으로 바꿔준다. 또 등반을 계획할 때 필요한 구심점을 찾는 데도 최고의 동기가 되어준다.

우리는 목적이라는 해독제를 갖고 있다. 이제 할 일은 행동하는 것뿐이다.

행동 후회: 이미 저지른 실수를 분명하게 받아들이는 법

비행동 후회와 달리 임종을 앞둔 이들이 행동 후회를 드러내는 경우는 별로 없다. 이 사람들은 관계를 해치거나, 다른 이에게 피해를 입히거나, 중요한 일을 망친 행동에 대해서는 분명히 후회한다. 하지만 사실 이런 후회는 위장된 비행동 후회인 경우가 많다. 우리가 정말 후회하는 건 상처받은 관계를 회복하거나, 자기가 잘못한 사람에게 사과하거나, 중요한 일을 다시 시도할 용기가 없었다는 것이다.

행동 후회는 살아 있는 이들에게 훨씬 큰 문제다. 우리는 과거에 잘못한 일을 알고 있지만 그 잘못을 되돌리거나 바로잡을 힘이 없다고 느낀다. 행동 후회는 이렇듯 매우 과거 지향적이다. 이미 저지른 실수를 이런 식으로 인지하고 느낀다. 다시 말해 행동 후회는 목적의 영역일 뿐만 아니라 의미의 영역이기도 하다.

기억하겠지만 행복은 의미와 목적으로 이루어진다. 의미는 과거를 인지하고 받아들이는 방식이고 목적은 현재와 미래를 지향한다. 행동 후회를 처리하려면 먼저 과거의 이 사건을 자신이 어떻게 느끼는지 살펴봐야 한다. 이 사건과 관련해 자신에게 어떤 이야기를 들려주고 있는가? 나는 피해자였는가, 영웅이었는가, 악당이었는가? 이 후회를 해결하려면 이야기 치료에서 논의했던 기술을 몇 가지 활용해야 한다. '나쁜 행동을 한다'는 생각과 '나

뻔 사람이 된다'는 생각을 분리하려면 과거와 화해하고 자신의 이야기를 다시 써야 한다.

크리스틴도 상담 치료를 받는 동안 그러한 과정을 거쳤다. 비극이 벌어진 날 자신이 순진하고 부주의했던 건 사실이지만 원래부터 나쁜 사람은 아니라는 걸 인정하려면 과거를 다시 써야 했다. 어떻게 보면 그녀도 피해자였다. 물론 그렇다고 해서 그녀가 근본적인 책임에서 벗어날 수는 없다. 하지만 여기에 다른 의미를 부여하면 현재와 미래에 대처하는 능력에 큰 변화가 생긴다.

크리스틴은 상담 치료를 받은 덕에 끔찍한 사건을 매우 진지하게 반성한 뒤 앞으로 나아갈 수 있었고 그 덕분에 이제는 목적 있는 삶을 살고 있다. 그리고 운전 중에 문자메시지를 주고받은 행동에 대한 후회는 최대한 많은 이가 이런 사고의 희생자가 되지 않도록 돕기 위한 등반으로 전환되었다. 이 시나리오 속의 크리스틴은 자기 때문에 목숨을 잃은 불쌍한 아이뿐 아니라 자기 자신에게도 공감할 수 있었다.

이런 상황에도 좋은 점이 있다면, 크리스틴이 행동 후회를 통해 의미와 목적이 있는 삶을 살아가면서 다른 이들을 돕게 되었다는 것이다. 그녀에게는 등반을 할 수 있는 적절한 구심점이 있었다. 그 등반이 기적을 일으켜서 어린 희생자의 죽음을 되돌릴 수는 없겠지만, 그 충격적인 날의 희생자를 한 명으로 제한할 수는 있을 것이다.

실망보다 후회하는 쪽을 택하라

다들 후회를 비관적인 시선으로 바라보지만 후회에는 의외로 낙관적인 부분도 꽤 많다. 다니엘 핑크Daniel Pink는 《후회의 재발견》이라는 책에서 후회의 장점은 우리에게 선택권을 부여하는 데 있다고 말했다.[51] 임종을 앞둔 이들이 인생에서 이루지 못한 일들을 떠올릴 때 느끼는 감정은 후회가 아니라 실망이라고 해야 할지도 모른다. 특히 변화를 시도하기에 이미 너무 늦었다면 더욱 그렇다. 그들에게는 선택권이 부족하다.

하지만 후회와 관련해서는 우리에게 선택권이 있다. 베아트리즈는 아직 죽지 않았으므로(그리고 사실 진짜 죽어가는 것도 아니었으므로) 액세서리를 만들기 시작할 수 있었다. 크리스틴은 끔찍한 실수를 저지른 날을 지울 수는 없었지만 다른 이들이 같은 실수를 반복하지 않도록 도울 선택권이 있었다. 선택권에는 후회를 목적의식으로 바꾸는 잠재력이 있다. 우리는 이를 통해 새로운 등반을 시작할 수 있다.

그리고 이 시나리오에서는 목적이 후회를 줄이는 결과를 가져올 수 있다. 그것이 바로 해독제다.

후회 없이 편안한 죽음을 맞고 싶다면 후회 없는 좋은 삶을 살아야 한다. 이 말은 무슨 수를 써서라도 후회를 피하라는 얘기가 아니다. 그건 사실상 불가능하다. 후회를 인식하는 유일한 방법은 과거를 되돌아보는 것뿐이다. 차라리 후회를 받아들이고 그게 더 큰 행복으로 이어질 수 있다는 사실을 깨닫는 편이 더 낫다. 의미와 목적을 이용하면 그렇게 할 수 있다. 의미는 과거를 재평가하는 것이고, 목적은 후회를 구심점 삼아 더 많은 등반을 시작하는 것이니까 말이다.

후회를 부정적이거나 긍정적인 것, 둘 중 하나로 바라보지 말라. 후회가 없다면 우리는 뭔가를 영영 받아들이지 못할지도 모른다. 후회를 일종의 행동 촉구, 즉 이루지 못한 일에 대한 갈망이라고 상상해보자. 후회는 우리가 더 많은 일을 더 잘할 수 있었던 과거의 순간들이다. 그렇다면 미래는 이 이야기를 다시 써내려갈 수 있는 운동장이 된다.

후회를 부정적인 것으로 여긴다면 해독제가 눈앞에 있음을 기억하라. 우리가 해야 할 일은 그저 상황을 뒤집는 것뿐이다. 작은 목적을 추구하면 그에 따른 불안감이 사라지고, 행동 그 자체만으로도 후회를 극복할 수 있는 즐거운 활동에 참여하게 된다.

달성할 수 없는 목적은 실망을 안겨줄 뿐이다

실망스러운 삶을 살고 싶다면 크고 대담한 목적을 추구하면서 그걸 행복의 중심에 두어라. 큰 목적은 달성하기 어려운 이상에 기반하는 일이 많기 때문에 실패 확률이 높을 뿐 아니라 자신이 부족해서 목적을 이루지 못한 것이라는 생각에 휩싸이기 쉽다. '충분히 노력하지 않았거나 지나치게 과한 노력을 쏟았다', '이렇게 했어야 하는데 저렇게 해버렸다', '너무 빨리 포기했거나 진작 포기했어야 했다'처럼 실패의 원인을 모두 자신에게 돌리는 생각들 말이다.

실패와 실망은 늘 함께 찾아온다. 달성할 수 없을 정도로 높은 목적을 품으면 원하는 결과를 얻을 가능성이 사라진다. 그래서 이걸 후회가 아닌 실망이라고 말하는 것이다. 사실 후회보다 실망이 더 심각하다.

나도 살면서 여러 번 이런 경험을 했다. 전에는 의사가 되려고 노력하던 시기와 의사로 일하던 시기가 후회로 점철되어 있다고 여겼다. 하지만 이제 와서 생각해보니 그건 후회가 아니라 실망감이었다. 나는 의대 3학년 때 내과 회진 중에 담당의 앞에서 실수를 하는 바람에 우등 학점을 받을 기회를 놓친 걸 후회한다는 말을 자주 하곤 했다. 그 실패 때문에 최고 수준의 전공의 수련 프로그램에 합격하거나 꿈꾸던 의대 교수가 될 가능성이 낮아졌다. 하지만 돌이켜보면 그때의 실패에는 내가 통제할 수 있는 부분이 거의 없었다. 그냥 운이 나빴던 것뿐이었다.

또 중환자실에서 사망한 환자가 내 능력 부족 때문에 그런 결과를 맞았다는 생각에 오랫동안 후회에 빠져 있기도 했다. 당시 경험과 지식이 부족했던 걸 몇 년 동안 자책했다. 하지만 그때의 나는 적절한 훈련이나 경험이 부족한 상태로 그 상황에 놓여 있었음을 깨달았다. 결과에 실망했지만 당시에는 내가 더 잘할 수 있는 방법이 없었다. 좋은 의도를 가진 젊은이가 안 좋은 상황에 처했던 것뿐이다. 나는 나쁜 사람이 아니었다. 이 사실을 받아들이는 데 몇 년의 시간이 걸렸다.

진료 예약이 꽉 차 있지 않거나, 내 실력이 부족하거나, 연봉이 낮을 때는 진료실에서 보낸 수많은 순간을 후회한다고 말하곤 했다. 하지만 난 우리 병원이나 업계에서 가장 성공한 의사 중 한 명이었다. 그럼에도 내가 실망감을 느낀 이유는 최선을 다했지만 여전히 뭔가가 부족했기 때문이다.

이런 '후회'는 모두 내가 더 이상 즐기지 않는 일상적인 활동에 기반한 거대한 목표 때문에 생긴 것이었다. 당시 나는 주체성을 거의 느끼지 못했다. 돌이켜보면 후회보다는 실망감이 더 컸다. 이를 해결하는 유일한 방법은 그 거대한 목표를 달성하거나 만족감을 주지 못하는 활동을 중심으로 목적을 만드는 일을 그만두고 작지만 더 강력한 목적이 있는 삶을 살아가는 것이었다. 그리고 그 목적 덕분에 나는 그냥 참여하는 것만으로도 만족감을 느낄 수 있는 활동들을 추구하게 되었다.

그렇게 작은 목적에 집중하면서 나는 의사라는 직업이 만들어 낸 환상에서 벗어날 수 있었다. 동시에 해결해야 할 진짜 후회(실망이 아니라)가 아직 존재한다는 사실을 분명히 깨달았다. 나는 글쓰기와 팟캐스트에 더 많은 시간을 할애하지 않은 걸 후회했다. 책을 쓰는 데 시간을 들이지 않은 걸 후회했다. 주변 사람들과 진정한 유대감을 느끼지 못해서 공동체를 만들지 못한 것도 후회했다. 하지만 이건 진짜 후회였고 내게는 이걸 바꿀 수 있는 힘이 있었다. 내가 할 일은 목적의식을 중심으로 한 등반을 하는 것뿐이었고 그렇게 하자 후회는 차츰 사라졌다.

나는 정확히 그렇게 했고 몇 년이 지난 지금은 솔직히 말해서 후회를 거의 느끼지 않는다. 과거 소홀히 했던 삶의 측면들을 해결하기 위한 등반을 여러 번 시도한 덕분에 나의 마음은 훨씬 평화로워졌고 불안감은 줄어들었다. 그리고 매일 메멘토 모리를 실천하고 있다.

내일 당장 죽는다면 후회할 일이 있을까.

나는 확실히 아니라고 말할 수 있다. 당신은 어떠한가? 자기 삶 속의 실망을 인식하고 이를 후회와 구분할 수 있는가? 만약 가능하다면, 오늘부터 실망을 받아들이고 후회를 해소하기 위한 행동을 시작할 수 있는가? 지금보다 더 좋은 시기는 없다.

이는 목적이라는 암호를 해독하는 데 필수적인 단계다.

- 다음 주에 한 시간씩 두 번, 따로 일정을 비워두자. 가능하면 전자 기기를 전부 끄거나 휴대폰을 무음으로 설정해두고 방해받지 않을 조용한 장소를 찾아보자.

- 빈 종이에 1번부터 10번까지 번호를 매긴다. 각 번호마다 최소 한 문장 이상을 쓸 수 있는 공간이 있어야 한다.

- 편안한 의자에 앉아 30분 동안 살면서 가장 후회했던 일들을 떠올려보자. 눈을 감고 가장 방심한 순간에 나타나서 자신을 괴롭히는 짜증 나는 감정이 무엇인지 생각해보자. 다시 한번 말하지만 이 연습을 하는 동안에는 자신에게 관대해져야 한다. 지금은 책임을 돌릴 때가 아니다.

- 30분이 지나면 눈을 뜨고 종이를 다시 펼친다. 생각난 일들 가운데 가장 후회스러운 일 열 가지를 적는다. 순서는 상관없으며 모든 걸 다 적으려고 애쓰지 않아도 된다. 크게 후회했던 일을 잊어버릴 수도 있지만 그래도 괜찮다. 나중에 언제든 이 단계를 반복할 수 있다.

- 후회하는 일을 다 적은 다음 각각 따로 평가해보자. 자신에게 다음과 같은 질문을 던지자.

- 이건 후회인가, 아니면 실망감인가? 우리는 후회에 조치를 취할 능력이

있다.

- 이것은 행동 후회인가, 비행동 후회인가? 어떤 돌이킬 수 없는 일을 저질러서 이런 후회를 하는 것인가? 아니면 자신에게 중요한 어떤 일을 하지 못했는가?

- 각 항목마다 R(후회$_{regret}$) 또는 D(실망$_{disappointment}$), A(행동$_{action}$) 또는 I(비행동$_{inaction}$)을 표시한다.

- 적어놓은 항목 가운데 후회가 아닌 실망은 몇 개나 되는가? 이 문제에 대해 상담 치료사와 상의하거나 적어도 그와 관련해 스스로에게 어떤 이야기를 들려주고 있는지 재고해보자.

- 행동 후회의 경우, 벌어진 일 때문에 슬픈가 아니면 잘못을 바로잡을 새로운 행동을 취하지 않은 것이 슬픈가? 이 새로운 행동을 중심으로 등반을 시도할 수 있는가?

- 비행동 후회의 경우, 무엇이 지금 행동을 취하지 못하도록 가로막고 있는가? 이것이 목적의 구심점이 될 수 있을까? 구체적으로 말해, 당신 안의 어떤 신념 혹은 믿음이 행동을 하지 못하도록 가로막고 있는가? 그걸 극복할 수 있는가?

내일이 기다려지는 이유 하나면
인생은 충분하다

앨런은 평생 딱 두 번, 마치 번개라도 맞은 듯 똑같은 성향을 드러낸 적이 있다. 한 번은 10대 때였고 다른 한 번은 그로부터 40년 뒤였다. '성향'이라는 말은 우리가 말하려는 목적의식에 비해 다소 부드러운 표현처럼 느껴지는데, 사실 앨런에게 그것은 강박관념에 더 가까웠다. 앨런은 합리적인 사람이라면 누구나 할 법한 일을 했다. 즉 행동에 나선 것이다.

첫 번째 번개가 그의 머릿속에 번뜩였을 때 그는 갑자기 물 위로 나가고 싶다는 충동에 휩싸였다. 그래서 여름 내내 배를 만드는 일에 매달렸다. 대학에 가기 전까지 이 벅찬 과제를 완수해야 했기에 그는 시간이 덜 걸리는 카누를 만들기로 했다. 친구들이 아르바이트를 하거나 파티에 가는 동안 앨런은 뉴저지의 따가운 햇살 아래서 수많은 시간을 보냈다. 물론 앨런도 아르바이트를 하고 파티에 참석했지만 그의 진정한 열정은 배를 만드는 것이었다. 몇 달 후, 대학 진학을 코앞에 두고 마침내 자신의 걸작을 완성한 것이다. 정말 근사한 배였다.

그 후 40년 동안, 앨런은 자신에게 진정한 기쁨을 안겨준 무언가를 추구하면서 보냈던 그 여름날을 종종 떠올렸다. 그는 배를 떠올릴 때마다 적당한 시기가 되면 더 크고 좋은 배를 만들겠다고 다짐했다. 물론 그날 이후 배를 만들지 않았다고 해서 앨런이 인생을 충만하게 살지 못했다는 뜻은 아니다. 그는 좋아하는 직업을 찾아 회사를 세웠다. 결혼해서 아이를 낳고 결국 손주까지 두었다. 많은 기쁨을 누리면서 많은 일을 추구했다. 동전 수집이라는 취미를 사업으로 키웠고 오랫동안 테니스에 대한 열정을 불태우기도 했다. 부동산 임대 사업도 했기 때문에 여러 부동산을 돌아다니면서 페인트칠을 하고 청소와 수리도 했다. 앨런은 매 순간 온전히 주도적이며 충만한 삶을 살았다. 대부분은 그를 꽤 행복한 사람으로 여길 것이다. 그의 삶은 크고 작은 등반으로 가득했다.

그러던 어느 날, 예고 없는 번개가 다시 내려쳤다.

CEO 경력이 끝나갈 무렵인 50대 후반, 앨런은 갑자기 다시 배를 만들어야겠다는 소명을 느꼈다. 자녀들은 대부분 대학에 다니거나 자기 가정을 꾸린 상태였다. 아내는 차고를 작업실로 바꾸는 데 별로 흥미가 없었지만 그런 아내도 직장에 다니면서 다른 취미를 즐기고 있었다.

앨런은 조용히 조사를 시작했고 어릴 때 만들었던 것보다 훨씬 큰 배를 만들 수 있는 키트를 구입했다. 그리고 저녁 시간과 주말이면 그 일에 푹 빠져들었다. 이사회 회의에 참석하고 출장을 다니는 틈틈이 말이다. 다른 사람들이 텔레비전을 보거나 쉬는 동안 앨런은 차고에서 이것저것을 만지작거리며 새로운 배를 만들었다. 이 과정이 끝나기까지 몇 년이 걸렸다.

앨런에게는 정말 즐거운 시절이었다. 그는 세세한 부분까지 배우고 그걸 직접 구현하는 데서 희열을 느꼈다. 차고에 가는 모든 순간이 모험이었다. 세월이 흐르면서 다른 사람들도 그의 배에 주목하기 시작했다. 자녀나 손주들이 들러서 도와주기도 했다. 보트를 뒤집어야 할 때가 되자 그는 스무 명 넘는 이들을 집으로 초대해 점심을 대접하고 잠깐 힘을 보태달라고 요청했다.

외관이 완성되자 앨런은 근처에 사는 가구공 게리를 고용해서 선실에 필요한 근사한 가구를 맞춤 제작했다. 앨런은 언제든 나가서 게리에게 대용량 커피를 사다줬고 두 사람은 작은 공간에서 몇 시간씩 치수를 재고 사포질을 하고 가구를 설치했다. 두 사람은 기나긴 시간을 쏟아부어 완성된 결과물의 아름다움에 감탄했다. 마침내 앨런의 보트가 첫 항해를 할 준비가 되었다.

앨런은 장시간 항해를 하고 가족과 친구를 태우고 수없이 여행을 다니면서 같은 항구에 배를 정박시키는 보트 애호가 공동체와 깊은 인연을 맺게 되었다. 사람들은 그의 배에서만 볼 수 있는 훌륭한 목공예에 감탄하곤 했다. 이렇게 나무로 만든 배는 이제 정말 보기 힘든 작품이었기에 한 지역 신문 기자는 앨런을 인터뷰하러 오기도 했다. 그렇게 앨런이 직접 만든 그 배는 앨런 자신뿐만 아니라 많은 이의 삶에 큰 기쁨을 안겨주었다.

앨런은 나의 새아버지다. 세월이 흘러 아버지의 80번째 생일을 축하하러 친구와 가족들이 모두 모였을 때, 우리는 그의 삶에 경의를 표하면서 그와 함께한 세월에 관한 여러 이야기들을 나누었다. 자녀와 손주들이 온갖 일화를 늘어놓으면서 좌중을 즐겁게 하는 동안 배에 관한 이야기 그리고 그 배가 우리 가족의 일부가 된 과정에 대한 이야기도 계속 오갔다.

그의 자녀와 손주들이 어떻게 끈기와 기쁨, 참여의 가치를 배웠는지, 그 수많은 교훈이 어떻게 자손들에게 전달됐는지 생각해보라. 우리 중 누구도 배를 직접 만들지는 못하겠지만 아버지의 창의력과 꿈이 우리의 일부로 자리 잡았음을 나는 확신할 수 있다. 우리는 미래의 손주들에게 그 훌륭한 나무배와 그 배를 직접 만든 사람의 이야기를 들려줄 것이다. 그리고 그의 행동을 본받아 우리만의 기발하고 창의적인 등반을 시작할 것이다.

내 아버지 앨런의 행동과 유산은 그의 육신이 사라진 뒤에도 오래도록 남을 것이다. 그가 더 이상 바랄 게 뭐가 있겠는가?

작은 목적은 어디에나 존재한다

당신의 삶 속에서 작은 목적과 그것이 사람들에게 안겨주는 행복을 보지 못했다면 그건 충분히 노력하지 않았기 때문이다. 주변 사람들에게 제대로 관심을 기울이지 않았기 때문이다. 내 주변에는 그런 목적의식의 본보기가 될 만한 사람들이 너무 많아서 이 책에 모두 기록할 수 없을 정도다.

우선 초등학교와 중학교 때 학습 장애를 극복하도록 도와준 필리스 선생님이 떠오른다. 어느 추운 겨울날, 선생님의 진료실로 서둘러 들어가서 핫초콜릿과 프레첼이 차려져 있는 테이블에 앉았던 기억이 난다. 학생들에게 굳이 그렇게까지 할 필요는 없었지만, 필리스 선생님은 읽고 쓰고 암기하는 법뿐만 아니라 보살핌을 받고 사랑받는 법도 가르쳐주었다. 스스로 가치 없는 사람이라고 느끼던 수줍음 많은 아이에게 필리스 선생님의 가르침이 얼마나 큰 의미가 되었는지 말로 다 표현할 수 없을 정도다. 필리스 선생님은 진정으로 '치유하는 사람'healer이란 어떤 사람인가를 보여준 내 첫 번째 롤모델이었다. 의사가 된 후 환자들과 어떻게 소통해야 할지 고민할 때마다 필리스 선생님을 자주 떠올렸다. 나도 선생님에게 배운 세심함, 인내심, 배려심을 도움이 필요한 이들에게 전하고자 노력했다.

나이를 먹을수록 작은 목적의 본보기를 보여주는 사람들이 갈수록 두드러지게 나타났다. 대학 시절에 문학을 가르치던 교수님도 생생하게 기억난다. 세부적인 내용은 오래전에 잊었지만 그가 했던 말들은 여전히 귓가에 남아 있다. 그는 내 삶에 큰 영향을 미쳤고 내가 지금까지와 다르게 더 깊이 생각하고 더 호기심을 갖도록 이끌었다. 그가 받은 보상은 대부분 무형의 보상이었고 공을 제대로 인정받지 못하는 경우도 많았다. 하지만 본인이 진심으로 사랑하는 과목을 가르치는 것에 대한 그의 열정은 그에게 배운 수천 명의 학생들에게 지울 수 없는 흔적을 남겼다. 내 인생에 이렇게 놀라운 커뮤니케이터들이 없었다면 아마 나는 결코 첫 번째 책을 쓰지 못했을 것이다. 이제 수만 명의 손에 전달된 그 책이 부디 그들 인생에 긍정적인 변화를 가져다주기를 바란다.

의대에 다닐 때 다양한 사례를 보여준 골수 검사 전문가 밥과

호흡기 검사 전문가 릭도 잊으면 안 된다. 실험실 기사였던 밥은 암과 기타 혈액 질환을 진단하는 데 필수적인 골수 생검 방법을 의대생과 레지던트에게 가르치는 세계적인 전문가가 되었다. 그는 그야말로 최고였고 남들이 따라 올 수 없는 열정과 애정으로 학생들을 가르쳤다. 릭은 내가 레지던트로 일하던 재향군인회 병원의 호흡기 치료사였다. 그는 밤늦은 시간까지 병동을 돌아다니면서 자가 호흡을 하지 못하는 환자에게 호흡관을 꽂는 레지던트들을 도와줬다. 내가 의대생과 레지던트를 가르치는 책임을 맡게 됐을 때 나는 밥과 릭이 학생들을 가르치면서 보여줬던 기쁨을 자주 생각하곤 했다.

앞서 말한 것처럼 자신의 삶에서 이런 사례를 찾지 못했다면 더 열심히 찾아봐야 한다. 작은 목적은 어디에나 있다. 금전적인 이득이 없거나 최소한의 이득만 남는 일임에도 이를 열정적으로 하는 사람을 찾아보자. 그들이 이런 활동을 계속하는 이유는 그것이 본인에게 중요한 일이기 때문이다. 당신도 그렇게 하고 싶은가? 그렇다면 그들의 모습을 그냥 지켜보지만 말고 소통을 시도하자. 그들의 열정을 자극하는 게 뭔지 알아내고 나는 어디에서 그런 열정을 불태울 수 있는지 찾아보자.

이 책을 읽는 당신은 내가 작은 목적을 실천하는 모습을 보고 있는 셈이다. 이 글은 내가 여러 가지 등반을 하면서 목적이 우리 삶에서 어떤 역할을 하는지 깊이 고민해본 끝에 나온 결과물이다. 팟캐스트든 대중 연설이든 내가 얻은 지식과 통찰이 이 책 곳곳에 깊이 새겨져 있다. 그리고 이것이 내가 당신에게 남기고 싶은 유산의 일부다. 내가 세상을 떠난 뒤에도 이 글이 오랫동안 기억되길 바란다.

목적이라는 암호를 해독하는 법

나는 여러분이 목적이라는 암호를 해독하는 방법을 알아내고 목적이 가진 본질적인 역설을 극복해서 인생의 변화를 만들도록 돕고자 이 책을 썼다. 그래서 제1부에서는 작은 목적의 마법을 중점적으로 다뤘다. 목적은 피해야 하는 대상이 아니고 결코 그래서도 안 된다. 삶의 목적은 우리가 더 오랫동안 건강하고 행복하게 사는 것과 관련이 있기 때문이다. 그렇다면 어떻게 해야 이 목적이라는 암호를 풀 수 있을까?

목적에는 두 가지 유형이 있는데 작은 목적은 결과보다 과정에 집중한다. 목표에 구애받지 않지만 그렇다고 목표를 두려워하지도 않는다. 작은 목적은 삶의 풍요로움에 초점을 맞춘다. 당신은 그냥 행동하기만 하면 된다. 반면 큰 목적은 목표 지향적이며 우리를 결핍된 사고방식에 가둬놓는다. 처음에는 목표가 근사해 보이지만, 곧 실패에 대한 두려움에 잠식당하고 만다. 또 성공하더라도 더 많은 걸 이루려는 욕구나 이미 얻은 걸 잃을지도 모른다는 두려움에 빠진다. 어느 쪽이든 결국에는 패배하게 된다.

하지만 목적의 유형을 구분하는 것만으로는 충분하지 않다. 목적의식을 찾는 방식 때문에 불안감을 느끼는 이들도 많기 때문이다. 그러나 사실 목적은 찾는 게 아닌 만드는 것이다. 따라서 목적의 구심점이 되는 활동이나 내게 즐거움을 주는 활동이 무엇인지 알아내는 데 집중해야 한다.

이런 목적 개념을 받아들이면 돈이 우리에게 많은 도움을 주기는 하지만 그래도 결국은 도구일 뿐이라는 사실을 깨달을 것이다. 돈은 진정한 목적을 제대로 가늠하는 데 필요한 시간과 공간을 만들어주는 강력한 도구다. 인생에서 중요한 일을 추구하는데 돈이 꼭 필요한 건 아니며 돈이 많다고 해서 반드시 행복이 보장되지도 않는다. 원하는 삶은 남에게서 얻는 게 아니라 스스로 만들어가야 한다.

제2부에서는 이런 이해를 바탕으로 행복의 개념을 구축했다. 행복은 두 가지 요소로 구성되어 있다. 그중 하나인 의미는 과거에 대한 인지적 이해다. 과거의 트라우마에 관한 이야기를 다시 쓰면서 과거에 일어난 나쁜 일과 자신을 분리할 때 자기 이야기

의 주인공이 될 수 있다. 행복으로 가는 길에서 좋은 현재와 미래를 만들기 위해 과거를 재구성하는 과정은 꼭 필요하다.

반면 또 다른 구성요소인 목적은 현재 그리고 미래와 관련이 있다. 지금 하는 이런 활동들이 공동체 의식과 관계를 만든다. 제6장에서 작은 목적을 위한 틀인 '등반'을 소개했다. 등반은 행동으로 실천하는 행복이다. 자신에게 성취감을 주는 활동들로 가득한 삶을 살아가는 방식이다.

만약 등산화를 살 여유가 없다면 어떻게 해야 할까? 부족한 게 물질적 자원이든 아니면 시간이든, 산에 첫발을 내딛지 않을 이유는 항상 존재한다. 하지만 대부분의 등반은 실제로 거의 돈이 들지 않는다. 물질적 부는 넘쳐나는 도구 가운데 하나일 뿐이라는 사실을 깨달으면, 스스로 할 수 없다고 여기는 한계를 짓는 생각들에서 벗어날 수 있다.

마지막으로 제3부에서는 이 모든 것들이 왜 중요한지 이야기했다. 사람은 우리의 목적이 될 수 없다. 목적의 핵심은 관계와 공동체, 그리고 궁극적으로 후대에 남길 유산을 만드는 것이다. 그게 바로 성공의 모습이다. 작은 목적을 추구하다 보면 주변에 같은 의도를 가진 사람들로 이루어진 공동체를 만나게 된다. 그리고 그 안에서 우리는 세대 간 트라우마 대신 세대 간 성장을 물려줄 수 있다. 그 성장은 우리와 교류하는 사람들, 동시대인뿐만 아니라 후손들에게까지 두루 영향을 미친다. 그게 바로 우리의 진실되고 지속적인 유산이다.

세상에 당신만의 흔적을 남겨라

로만은 30여 년 전 암과의 싸움에서 패배했다. 그는 치료에 내성을 보이는 희귀 악성 종양을 앓았다. 내가 로만과 함께 보낸 시간은 5년이 채 되지 않지만 그는 내게 깊은 영향을 미쳤다. 그러니 30년이 지난 지금도 로만과 그의 작은 골동품점이 내게 어떤 의미였는지 이야기하는 것 아니겠는가.

나만 그랬던 게 아니다. 당시 그 가게에 자주 드나들던 아이들이 열댓 명 정도 있었다. 대부분 나처럼 학교에 적응하지 못하거나 따돌림받는 아이들이라서 공동체 의식과 소속감을 느끼는 데 어려움을 겪었다. 그때 센추리 골동품점이 바로 그런 역할을 해주었다. 로만의 가르침을 받은 많은 아이가 더 크고 완전한 삶을 향해 나아갔다. 나처럼 의사가 된 아이도 있고 회계사, 로켓 과학자, 변호사가 된 아이도 있을 것이다. 우리는 그 가게를 나서면서 삶의 모든 부분에 영향을 미칠 새로운 자신감을 얻었다.

한 남자의 행동 덕분에 생긴 바다의 잔물결이 계속해서 밀려왔다 또 밀려가고 있다. 그리고 그 아이들은 자라서 세상에 자신의 흔적을 남겼다. 다른 이들을 치료하는 의사는 얼마나 많은 이들의 삶에 영향을 미칠 수 있을까? 회계사는 고객의 돈을 얼마나 절약할 수 있을까? 변호사는 의뢰인이 정의를 실현하는 데 얼마나 많은 도움을 줄 수 있을까? 이 모든 순간은 이미 세상을 떠난 한 남자를 통해서 오래전부터 시작된 것이다.

우리 중에는 자녀를 낳은 이들도 많다. 지금도 어딘가에서는 아버지가 딸에게 생애 첫 야구 카드를 사주고 끔찍하게 맛없는 풍선껌을 반씩 나눠 씹을지도 모른다. 로만의 유산은 여전히 남아 있다. 그는 나를 비롯해 수많은 사람들에게 지대한 영향을 미쳤고 그의 유산은 기하급수적으로 증가하고 있다.

그런데 내 삶에 거의 영향을 미치지 못한 사람이 누구인지 아는가? 바로 미키 맨틀Mickey Mantle이다. 그렇다, 어린 시절 내가 그토록 열렬히 찾아 헤매던 야구 카드의 주인공 말이다. 그는 수많은 기록을 세운 야구 역사상 최고의 선수다. 하지만 나는 미키 맨틀에 관한 생각은 거의 하지 않는다. 설령 생각한다고 하더라도 그가 내 삶에 긍정적인 영향을 미친 부분은 하나도 없다.

여러분이 정반대되는 주장을 하는 게 들린다. 미키 맨틀이 내 삶에는 영향을 미치지 않았을지 모르지만, 그를 롤모델 삼아 야구 선수가 되거나 자신의 기록을 깨려고 애쓴 사람들이 분명 있었을 것이다. 그 사실을 부정할 수는 없다. 하지만 미키 맨틀을 크고 대담한 목적의 원천으로 삼았다면 실패할 가능성이 높다는 사실만은 분명하다. 미키 맨틀이나 베이브 루스Babe Ruth, 윌리 메이스Willie Mays를 숭배한 아이들 가운데 실제로 메이저리그에 진출한 사람은 아마 100만 명 중 한 명 정도일 것이다. 즉 99만 9,999명이 실패했다는 뜻이다. 오늘날 거의 100만 명에 가까운 사람들이 목적 불안에 시달리며 깊은 실망을 느끼고 있다.

내가 수집한 야구 카드의 주인공들 가운데 로만만큼 내게 의미 있는 사람은 없다. 그들 중 누구도 로만만큼 큰 영향을 미치지 못할 것이다.

당신이 작은 목적이 가득한 삶을 살기를 바란다. 그 목적을 통해 당신이 사랑하고 또 당신을 사랑하는 이들로 구성된 공동체를 만들기를 바란다. 그들이 당신의 선생이자 학생, 멘토이자 친구가 되기를 바란다. 바다에 떨어진 조약돌이 끊임없이 이어지는 커다란 물결을 일으키는 것처럼 당신이 세상을 떠난 뒤에도 당신의 유산이 수십, 수백 년 동안 지속되며 많은 이들의 삶에 영향을 미치기를 바란다.

당신이 미키가 아니라 로만처럼 되기를 바란다.

1. https://thesimplyluxuriouslife.com/juliachildlacouronne/.

2. https://medium.com/@robroy_63706/how-did-julia-childs-true-purpose-establish-a-6-million-dollar-legacy-a3a3795a7384.

3. https://jamanetwork.com/journals/jamanetworkopen/fullarticle/2734064.

4. https://www.ncbi.nlm.nih.gov/pmc/articles/PMC7494628/.

5. https://www.researchgate.net/publication/232566815_Purpose_in_life_What_is_its_relationship_to_happiness_depression_and_grieving.

6. https://link.springer.com/article/10.1007/s10902-023-00625-7.

7. https://www.forbes.com/sites/tracybrower/2023/03/13/managers-play-a-crucial-role-leaders-react-to-employee-mental-health/?sh=10710d504333.

8. https://www.researchgate.net/publication/304087988_The_Search_for_Purpose_in_Life_An_Exploration_of_Purpose_the_Search_Process_and_Purpose_Anxiety.

9. https://ourworldindata.org/life-expectancy.

10. https://www.cdc.gov/pcd/issues/2019/19_0017.htm.

11. https://www.fool.com/research/average-retirement-age/#:~:text=The%20average%20retirement%20age%20has,to%2021.3%20years%20for%20women.

12. https://www.npr.org/2023/05/16/1176206568/less-important-religion-in-lives-of-americans-shrinking-report#:~:text=In%202019%2C%2019%25%20of%20Americans,a%20few%20times%20a%20year.%22.

13. https://www.latimes.com/archives/la-xpm-2000-jan-20-mn-55828-story.html.

14. https://www.theguardian.com/film/2018/mar/08/hedy-lamarr-1940s-bombshell-helped-invent-wifi-missile#:~:text=Although%20she%20achieved%20international%20fame,practised%20her%20favourite%20hobby%3A%20inventing.

15. https://www.womenshistory.org/education-resources/biographies/hedylamarr#:~:text=Hedy%20Lamarr%20was%20an%20Austrian,GPS%2C%20and%20Bluetooth%20communication%20systems.

16. https://attractionsmagazine.com/walt-disney-most-inspiring-quote-isnt-actually-his/.

17. https://www.zippia.com/advice/how-many-people-lie-on-resumes-survey/.

18. https://www.nytimes.com/2015/07/02/world/europe/nicholas-winton-is-dead-at-106-saved-children-from-the-holocaust.html.

19. https://pubmed.ncbi.nlm.nih.gov/14017386/.

20. https://www.frontiersin.org/articles/10.3389/fpsyt.2023.1077665/full.

21. https://pubmed.ncbi.nlm.nih.gov/22788983/.

22. https://continuagroup.com/article/lifetime-legacies-life-review-questions/#:~:text=What%20challenges%20and%20joys%20did,any%20regrets%20or%20unfulfilled%20dreams%3F.

23. https://www.pnas.org/doi/full/10.1073/pnas.1011492107.

24. Proc. Natl. Acad. Sci. U.S.A. 118, e2016976118 (2021).

25. https://www.pnas.org/doi/10.1073/pnas.2208661120#executive-summary-abstract.

26. https://www.sciencedaily.com/releases/2021/02/210208161922.htm.

27. https://www.iza.org/publications/dp/13923/the-easterlin-paradox#:~:text=The%20Easterlin%20Paradox%20states%20that,the%20contradiction%20is%20social%20comparison.

28. https://psycnet.apa.org/buy/2022-50413-001.

29. https://www.researchgate.net/publication/22451114_Lottery_Winners_and_Accident_Victims_Is_Happiness_Relative.

30. https://www.sofi.su.se/english/2.17851/research/research-news/a-large-lottery-win-makes-us-more-content-with-life-but-not-necessarily happier-1.512911.

31. https://news.harvard.edu/gazette/story/2017/04/over-nearly-80-years harvard-study-has-been-showing-how-to-live-a-healthy-and-happy-life/.

32. https://en.wikipedia.org/wiki/Hero%27s_journey.

33. https://pubmed.ncbi.nlm.nih.gov/25968138/.

34. https://www.researchgate.net/publication/343921003_Everything_is_Story_Telling_Stories_and_Positive_Psychology.

35. https://www.apa.org/monitor/2011/01/stories#:~:text=And%2C%20in%20a%20yet%2Dunpublished,it%20'til%20you%20make%20it.

36. https://www.verywellmind.com/how-storytelling-is-good-for-your-mental-health-5199744

37. https://www.scholars.northwestern.edu/en/publications/telling-better stories-competence-building-narrative-themes-incre

38. https://www.psychologytoday.com/us/therapy-types/narrative-therapy.

39. https://www.researchgate.net/publication/334822458_Engaging_in_

Personally_Meaningful_Activities_is_Associated_with_Meaning_Sa-
lience_and_Psychological_Well-being.

40. https://www.tandfonline.com/doi/full/10.1080/01490400.2022.20565
50.

41. https://www.ncbi.nlm.nih.gov/pmc/articles/PMC8448794/.

42. https://www.theatlantic.com/business/archive/2016/09/the-free-
time-paradox-in-america/499826/.

43. https://www.cdc.gov/pcd/issues/2019/19_0017.htm.

44. https://psychcentral.com/health/genetic-trauma#how-can-trauma-
be-passed-down.

45. https://www.psychologicalscience.org/news/were-only-human/the
myth-of-joyful-parenthood.html#:~:text=They%20suspect%20
that%20the%20belief,huge%20investment%20that%20kids%20re-
quire.

46. https://medium.com/together-institute/why-do-communities-ex-
ist-for-internal-or-external-purpose-or-both-509a776538c0.

47. https://www.ncbi.nlm.nih.gov/pmc/articles/PMC7585135/.

48. https://www.ncbi.nlm.nih.gov/pmc/articles/PMC2910600/.

49. https://www.science.org/doi/10.1126/science.343.6169.361.

50. https://www.apa.org/monitor/2019/02/legacy-trauma.

51. https://www.atlassian.com/blog/productivity/daniel-pink-regret-
interview#:~:text=Career%2D%20and%20education%2Drelated%20
regrets,forces%20behind%20the%20Great%20Resignation.